Das Leben – eine Linie?

nser Leben ist eine Linie, die wir von Natur aus auf der Oberfläche
eschreiben müssen, ohne einen Augenblick davon abweichen
u können. Wir kommen ohne unsere Einwilligung zur Welt; unser
örperbau hängt nicht von uns ab; unsere Ideen kommen uns ohne
nser Zutun; unsere Gewohnheiten stehen in der Macht derer, die
ie uns beigebracht haben; wir werden unaufhörlich sowohl durch
ichtbare wie durch verborgene Ursachen modifiziert, die notwendig
nsere Seins- und Denkweise und unsere Wirkungsart bestimmen.
Vir sind gut oder schlecht, glücklich oder unglücklich, klug oder un-
lug, vernünftig oder unvernünftig, ohne dass unser Wille mit diesen
erschiedenen Zuständen etwas zu tun hätte. Indessen behauptet
an ungeachtet der beständigen Fesseln, die uns binden, dass wir
ei seien oder dass wir unsere Handlungen und unser Schicksal in
nabhängigkeit von den Ursachen bestimmen, die uns in Bewegung
etzen.   *Paul Henri Thiry d'Holbach*

Sind, kann dort ein Gott ergänzen / Mit Harmonien und ewigem Lohn und Frieden. Friedrich Hölderlin

...inien des Lebens sind verschieden / Wie Wege sind, und wie der Berge Gränzen | Was Hir wir

Und der HAIFISCH, der hat Zähne ...

Die Linien des Lebens sind Verschieden / Wie Wege sind, und wie der Berge Gränzen / Was Hir wir sind, kann dort ein Gott ergänzen / Mit Harmonien

„Wenn die HAIFISCHE Menschen wären", fragte Herrn K. die kleine Tochter seiner Wirtin, „wären sie dann netter zu den kleinen Fischen?"

„Sicher", sagte er. „Wenn die HAIFISCHE Menschen wären, würden sie im Meer für die kleinen Fische gewaltige Kästen bauen lassen, mit allerhand Nahrung drin, sowohl Pflanzen als auch Tierzeug. Sie würden sorgen, dass die Kästen immer frisches Wasser hätten, und sie würden überhaupt allerhand sanitäre Maßnahmen treffen, wenn zum Beispiel ein Fischlein sich die Flosse verletzen würde, dann würde ihm sogleich ein Verband gemacht, damit es den HAIFISCHEN nicht wegstürbe vor der Zeit.

Damit die Fischlein nicht trübsinnig würden, gäbe es ab und zu große Wasserfeste; denn lustige Fischlein schmecken besser als trübsinnige.

Es gäbe natürlich auch Schulen in den großen Kästen. In diesen Schulen würden die Fischlein lernen, wie man in den Rachen der HAIFISCHE schwimmt. Sie würden zum Beispiel Geographie brauchen, damit sie die großen HAIFISCHE, die faul irgendwo liegen, finden könnten. Die Hauptsache wäre natürlich die moralische Ausbildung der Fischlein. Sie würden unterrichtet werden, dass es das Größte und Schönste sei, wenn ein Fischlein sich freudig aufopfert, und dass sie alle an die HAIFISCHE glauben müssten, vor allem, wenn sie sagten, sie würden für eine schöne Zukunft sorgen. Man würde den Fischlein beibringen, dass diese Zukunft nur gesichert sei, wenn sie Gehorsam lernten. Vor allen niedrigen, materialistischen, egoistischen und marxistischen Neigungen müssten sich die Fischlein hüten und es sofort den HAIFISCHEN melden, wenn eines von ihnen solche Neigungen verriete.

Wenn die HAIFISCHE Menschen wären, würden sie natürlich auch untereinander Kriege führen, um fremde Fischkästen und fremde Fischlein zu erobern. Die Kriege würden sie von ihren eigenen Fischlein führen lassen. Sie würden die Fischlein lehren, dass zwischen ihnen und den Fischlein der anderen HAIFISCHE ein riesiger Unterschied bestehe.

Die Fischlein, würden sie verkünden, sind bekanntlich stumm, aber sie schweigen in ganz verschiedenen Sprachen und können einander daher unmöglich verstehen. Jedem Fischlein, das im Krieg ein paar andere Fischlein, feindliche, in einer anderen Sprache schweigende Fischlein tötete, würden sie einen kleinen Orden aus Seetang anheften und den Titel Held verleihen. Wenn die HAIFISCHE Menschen wären, gäbe es bei ihnen natürlich auch eine Kunst. Es gäbe schöne Bilder, auf denen die Zähne der HAIFISCHE in prächtigen Farben, ihre Rachen als reine Lustgärten, in denen es sich prächtig tummeln lässt, dargestellt wären.

Die Theater auf dem Meeresgrund würden zeigen, wie heldenmütige Fischlein begeistert in die HAIFISCHRACHEN schwimmen, und die Musik wäre so schön, dass die Fischlein unter ihren Klängen, die Kapelle voran, träumerisch und in allerangenehmste Gedanken eingelullt, in die HAIFISCHRACHEN strömten.

Auch eine Religion gäbe es da, wenn die HAIFISCHE Menschen wären. Sie würde lehren, dass die Fischlein erst im Bauche der HAIFISCHE richtig zu leben begännen.

Übrigens würde es auch aufhören, wenn die HAIFISCHE Menschen wären, dass alle Fischlein, wie es jetzt ist, gleich sind. Einige von ihnen würden Ämter bekommen und über die anderen gesetzt werden. Die ein wenig größeren dürften sogar die kleineren auffressen. Dies wäre für die HAIFISCHE nur angenehm, da sie dann selber öfter größere Brocken zu fressen bekämen. Und die größeren, Posten habenden Fischlein würden für die Ordnung unter den Fischlein sorgen, Lehrer, Offiziere, Ingenieure im Kastenbau usw. werden.

Kurz, es gäbe überhaupt erst eine Kultur im Meer, wenn die HAIFISCHE Menschen wären."

Bertolt Brecht

...ohn und Frieden. Friedrich Hölderlin

Die Linien des Lebens sind Verschieden / Wie Wege sind, und wie der Berge Gränzen / Was Hir wir sind,

Bereit, die verstorbenen Väter zu verspeisen?

Tagtäglich wiederholt sich in Japan dasselbe Missverständnis auf den Flughäfen, in den Hotellobbys und in den Chefetagen der Großfirmen, wenn Europäer zum ersten Mal ihre japanischen Partner treffen. Da der Europäer bei seinen Reisevorbereitungen gelernt hat, dass man sich in Japan zur Begrüßung nicht die Hände schüttelt, sondern lächelnd verbeugt, knickt er, die Hände an der Hosennaht, den Oberkörper ein. Der Japaner dagegen, in westlichen Gepflogenheiten erfahren, streckt in aufrechter Haltung dem Besucher seine Rechte entgegen. Beide zucken daraufhin zusammen und nehmen einen neuen Anlauf. Nun reicht der Europäer seine Hand ins Leere, während der Japaner sich verbeugt.

Du hast dich schon vor einiger Zeit mit einem Freund heute zum Kino verabredet. Der Film, den ihr sehen w wird sehr wahrscheinlich morgen abgesetzt, weil er schon länger gelaufen ist. Dein Freund hat dich gester darauf hingewiesen und nochmals an eure Verabredung erinnert.

Du kommst müde aus der Schule, es regnet Bindfäden, die Hausaufgaben sind umfangreich und du hast noch nichts daran getan. Du hast plötzlich keine Lust auf Kino sondern möchtest lieber allein zu Hause bleiben, dich ausruhen und ein neues Computerspiel ausprobieren, das dein Bruder ausgeliehen hat und morgen wieder zurückgeben muss. Es regnet, wie gesagt, ununterbrochen.

„Letztlich ist jede und jeder selbst seines Glückes Schmied. Was zählt, ist in der Praxis vermutlich weniger Gut und Böse als der Erfolg. Jeder muss schauen, was er aus seinem Leben macht."

Grundgesetz für die Bundesrepublik Deutschland

In einem fernen Land lag eine Frau, die an einer besonderen Krebsart erkrankt war, im Sterben. Es gab eine Medizin, von der die Ärzte glaubten, sie könne die Frau retten. Es handelte sich um eine besondere Art von Radium, die ein Apotheker in der gleichen Stadt erst kürzlich entdeckt hatte. Die Herstellung war teuer, doch der Apotheker verlangte zehnmal mehr dafür, als ihn die Produktion gekostet hatte. Er hatte 200 Dollar für das Radium bezahlt und verlangte 2000 Dollar für eine kleine Dosis des Medikaments. Heinz, der Ehemann der kranken Frau, suchte alle seine Bekannten auf, um sich __chen und das Medikament für seine Frau stehlen soll.

das Geld auszuleihen, und er bemühte sich auch um eine Unterstützung durch die Behörden. Doch er bekam nur 1000 Dollar zusammen, also die Hälfte des verlangten Preises. Er erzählte dem Apotheker, dass seine Frau im Sterben liege, und bat, ihm die Medizin billiger zu verkaufen bzw. ihn den Rest später bezahlen zu lassen. Doch der Apotheker sagte: „Nein, ich habe das Mittel entdeckt, und ich will damit Geld verdienen." Heinz hatte nun alle legalen Möglichkeiten erschöpft; er ist ganz verzweifelt und überlegt, ob er in die Apotheke einbre

kann dort ein Go... *...und Frieden. Friedrich Hölderlin* *Die Linien des Lebens sind*

Transformers digital
Kino 1
Sonder
Reihe 13 Sitz
EUR

Es ist dir gesagt, Mensch, was gut ist und was der HERR von dir fordert, nämlich Gottes Wort halten und Liebe üben und demütig sein vor deinem Gott.
Micha 6,8

Und nicht allein ich, oder ich mit wenigen Anderen, sondern ausnahmslos alle wollen wir glücklich sein. Wüssten wir aber das nicht mit sicherer Einsicht, würden wir es nicht mit so sicherem Willen wollen. Aber was bedeutet das? Wenn etwa zwei Leute gefragt würden, ob sie zum Militär gehen wollten, kann es geschehen, dass der eine von ihnen antwortet, er wolle, der andere, er wolle nicht. Wenn aber beide gefragt würden, ob sie glücklich sein wollten, würde jeder sofort ohne Zögern sagen, er wünsche es; und aus keinem anderen Grund will der eine zum Militär bzw. der andere will es nicht, außer damit sie glücklich sind. So stimmen alle darin überein, glücklich sein zu wollen, wie sie auch übereinstimmend sagen würden, sie wollen Spaß haben, wenn sie das gefragt würden, und diesen Spaß nennen sie glückliches Leben.
Augustinus

„Ethik interessiert mich eigentlich nicht so. Was gut und böse ist, muss jeder für sich von Fall zu Fall entscheiden. Ich finde, da gibt es keine allgemeinen Regeln. Alles ist relativ, jede Situation anders. Aber vielleicht gibt es eine Art Feelingslogik, die einem sagt, ob das eine oder das andere richtig ist."

Dareios ließ einmal, als er König war, die Hellenen, die in seiner Umgebung waren, rufen und fragte sie, *um welchen Preis sie bereit wären, ihre verstorbenen Väter zu verspeisen.* Und sie sagten, *um keinen* Preis würden sie das tun. Und danach ließ Dareios die Kallatier, ein indisches Volk, rufen, die ihre Väter aufessen, und fragte sie, in Gegenwart der Hellenen, die durch einen Dolmetscher erfuhren, was gesprochen wurde, *um welchen Preis sie bereit wären, ihre verstorbenen Väter im Feuer zu verbrennen;* die aber schrien laut auf und sagten, er solle *nicht so gottlos reden.*
Herodot

...s moralische Urteilen und ...rurteilen ist die Lieblings-Rache ...er Geistig-Beschränkten an ...enen, die es weniger sind, auch ...eine Art Schadensersatz dafür, dass sie von der Natur schlecht bedacht wurden ...
Friedrich Nietzsche

„Alles nun, was ihr wollt, dass euch die Leute tun sollen, das tut ihnen auch! Das ist das Gesetz und die Propheten."
Mt 7,12

/ Wie Wege sind, und wie der Berge Gränzen / Was Hir wir sind, kann dort ein Gott ergänzen / Mit Harmonien und ewigem Lohn und

Mir schmeckt Spinat

Ich will meine Finger bewegen. Der Zeiger steht auf 10

Ich verspüre den Wunsch, meine Finger zu bewegen (bewusstes Wollen)

Ich bewege meine Finger jetzt (Drang zu handeln)

Durchschnitt von 40 Messungen

Beginn der Bewegung

Geplante Bewegung

EEG

Spontane Bewegung

EMG

Zeit −1000   −500   −200 −80 0 Millisekunden

Was passiert im Gehirn, wenn wir willkürlich die Hand bewegen? Unserem subjektiven Gefühl nach fällen wir zuerst die bewusste Entscheidung, dann erst können im Gehirn die ersten Vorbereitungen für die Bewegung eingeleitet werden. Erst will ich meine Hand heben, dann bewegt sie sich. Ursache vor Wirkung.

Daran kann niemand ernsthaft zweifeln. Oder doch? Benjamin Libet wollte es mit diesem wohl meist diskutierten Experiment der Neurowissenschaften genauer wissen. Und ersann eine Versuchsanordnung, mit der er ursprünglich den freien Willen im Gehirn dingfest machen wollte.

Die geniale Idee mit der Uhr lieferte Libet den Schlüssel zum subjektiven Erleben der Versuchsteilnehmer. Die Versuchspersonen saßen bequem und blickten auf eine schnell laufende Uhr. Ihre Aufgabe: Wann immer sie bewusst den Drang verspürten, ihre Hand heben zu wollen, sollten sie sich die Uhranzeige merken. Im März 1979 begann der Versuch. Die Psychologiestudentin C. M. und acht weitere Teilnehmer nahmen auf einem Lehnstuhl Platz. Kopf und Hand wurden mit Elektroden verkabelt. Sie selbst blickte auf einen Bildschirm, auf dem ein grüner Punkt kreiste. Der benötigte 2,56 Sekunden für eine Umdrehung. Zu einem frei gewählten Zeitpunkt sollte C. M. nun spontan ihr Handgelenk heben. Den genauen Zeitpunkt der Bewegung registrierte Libet per Elektromyographie (EMG) über die Muskeln am Handgelenk (blau), die Hirnströme im Großhirn leiteten Elektroden am Kopf (Elektroenzephalogramm, EEG) ab. Den Zeitpunkt der

bewussten Entscheidung zur Bewegung wiederum erfuhr Libet nach jedem Versuch von C. M. selbst, weil diese sich merkte, wo sich der kreisende Punkt befunden hatte, als der bewusste Drang, die Hand zu bewegen, einsetzte. Anhand der Hirnstromkurven konnte Libet in dem Versuch zwei verschiedene Bewegungstypen unterscheiden: als geplant erlebte (gelb) und solche, bei denen die Hand spontan bewegt wurde (rot).

Der Zeitpunkt, zu dem die Versuchsteilnehmer ihren bewussten Entschluss fassten, lag im Mittel von jeweils 40 Versuchen stets rund 0,2 Sekunden vor der eigentlichen Bewegung. Genau so hatte es Libet erwartet. Völlig überraschend aber setzten die Hirnströme in dem Bereich des Gehirns, der spontane Bewegung steuert, schon eine halbe Sekunde vor der Willkürhandlung ein. Im Durchschnitt also 300 Millisekunden vor dem Zeitpunkt, zu dem sich die Versuchspersonen ihres Willens zu handeln bewusst wurden, entstand im Gehirn ein Bereitschaftspotenzial, das die Aktion tatsächlich unbewusst initiierte. Hatte das Gehirn von C. M. also eine Willenshandlung eingeleitet, ohne dass die Probandin davon wusste? Immerhin hatte diese ja berichtet, sich erst eine gute Drittelsekunde später zu der Bewegung entschlossen zu haben.

Laut Libet kann das Bewusstsein eine Willkürbewegung also nicht selbst initiieren. Das Libet-Experiment habe den freien Willen experimentell widerlegt, liest man seit Jahren immer wieder.

Der ethische Relativismus ist ... begründungspflichtig. Der Hinweis auf die faktische Pluralität sittlicher Überzeugungen ist keine solche Begründung. Aus der gleichen Beobachtung kann man auch eine ganz andere Schlussfolgerung ziehen, nämlich die der philosophischen Ethik. Gerade weil die Griechen des 5. Jahrhunderts vor Christus beobachteten, dass verschiedene Völker verschiedene Sitten haben, stellten sie sich die Frage nach Kriterien, um bessere ~~v~~on schlechteren Sitten zu unterscheiden. Mit anderen über das Richtige streitend, blieben sie ~~mi~~t ihnen in der Überzeugung verbunden, dass es das Richtige gibt, während der Relativist eine ~~prin~~zipielle Kluft zwischen sich und den anderen aufreißt, über die er spricht. Er kann nur noch *über* ~~s~~prechen, nicht mehr *mit* ihnen. Sittliche Urteile können nämlich nicht wie bloße Geschmacksurteile ~~fried~~lich nebeneinander bestehen. Denn es handelt sich bei ihnen nicht um die bloße Feststellung, dass ~~e~~twas gefällt oder nicht gefällt, sondern um ein Urteil über bestimmte Handlungsweisen an sich ~~is~~t. Wer die Folter ablehnt, will nicht nur sagen, dass er persönlich niemanden foltern würde oder ~~dass~~ die Folterung für den Gefolterten schmerzlich ist – was ja dem Folterer nicht unbekannt ist. Was ~~er s~~agen will, ist, dass der, der foltert oder foltern lässt, besser handeln würde, wenn er dies nicht ~~täte~~ – er will sagen, dass jener etwas Schlechtes tut. Während also der Satz „Mir schmeckt Spinat" ~~de~~r Feststellung „Mir schmeckt Spinat nicht" eines anderen nicht widerspricht, können sittliche ~~U~~rteile einander widersprechen. Die Tatsache, dass einem anderen etwas anderes als sittlich ~~gu~~t erscheint als mir, enthält deshalb eine Herausforderung. Wer sich ihr durch Flucht in den Relativismus entzieht, opfert das Phänomen des Sittlichen selbst. Philosophische Ethik nimmt die Herausforderung an. Sie fragt nach den Gründen der Verschiedenheit auf der Suche nach der am besten gegründeten Überzeugung. *Robert Spaemann*

Man addiere die Zahlen

Die Natur hat die Menschheit unter die Herrschaft zweier souveräner Gebieter – Leid (pain) und Freude (pleasure) – gestellt. Es ist an ihnen allein aufzuzeigen, was wir tun sollen, wie auch zu bestimmen, was wir tun werden. Sowohl der Maßstab für Richtig und Falsch als auch die Kette der Ursachen und Wirkungen sind an ihrem Thron festgemacht. Sie beherrschen uns in allem, was wir tun, was wir sagen, was wir denken: jegliche Anstrengung, die wir auf uns nehmen können, um unser Joch von uns zu schütteln, wird lediglich dazu dienen, es zu beweisen und zu bestätigen. Jemand mag zwar mit Worten vorgeben, ihre Herrschaft leugnen, aber in Wirklichkeit wird er ihnen ständig unterworfen bleiben. Das Prinzip der Nützlichkeit erkennt dieses Joch an und übernimmt es für die Grundlegung jenes Systems, dessen Ziel es ist, das Gebäude der Glückseligkeit durch Vernunft und Recht zu errichten. Systeme, die es in Frage zu stellen versuchen, geben sich mit Lauten anstatt mit Sinn, mit einer Laune anstatt mit Vernunft, mit Dunkelheit anstatt mit Licht ab. Doch genug des bildlichen und pathetischen Sprechens: Durch solche Moral kann die Wissenschaft der Moral nicht verbessert werden. [...]

Wenn man einen Menschen für sich betrachtet, so ist für ihn der Wert der Freude oder eines Leids – wenn man ihn für sich betrachtet – gemäß den vier folgenden Ursachen größer oder geringer, nämlich gemäß:

a) der Intensität,

b) der Dauer,

c) der Gewissheit oder Ungewissheit,

d) der Nähe oder Ferne einer Freude oder eines Leids.

Diese Umstände müssen in Betracht gezogen werden, wenn man eine Freude oder ein Leid jeweils für sich

Was nützt das?

beurteilt. Wenn man aber den Wert einer Freude oder eines Leids betrachtet, um die Tendenz einer Handlung zu beurteilen, durch die Freude oder Leid hervorgebracht wird, müssen zwei weitere Umstände berücksichtigt werden, nämlich

e) die Folgenträchtigkeit der Freude oder des Leids oder die Wahrscheinlichkeit, dass auf sie Empfindungen von derselben Art folgen, das heißt Freuden, wenn es sich um eine Freude handelt; Leiden, wenn es sich um ein Leid handelt;

f) die Reinheit der Freude oder des Leids oder die Wahrscheinlichkeit, dass auf sie nicht Empfindungen von entgegengesetzter Art folgen, das heißt Leiden, wenn es sich um eine Freude handelt; Freuden, wenn es sich um ein Leid handelt.

Wenn man also die allgemeine Tendenz einer Handlung, durch die die Interessen der Gemeinschaft betroffen sind, genau bestimmen will, verfahre man folgendermaßen. Man beginne mit einer der Personen, deren Interessen am unmittelbarsten durch eine derartige Handlung betroffen zu sein scheinen, und bestimme:

a) den Wert jeder erkennbaren Freude, die von der Handlung in erster Linie hervorgebracht zu sein scheint;

b) den Wert jeden Leids, das von ihr in erster Linie hervorgebracht zu sein scheint;

c) den Wert jeder Freude, die von ihr in zweiter Linie hervorgebracht zu sein scheint. Dies begründet die Folgenträchtigkeit der ersten Freude und die Unreinheit des ersten Leids;

d) den Wert jeden Leids, das von ihr in zweiter Linie anscheinend hervorgebracht wird. Dies begründet die Folgenträchtigkeit des ersten Leids und die Unreinheit der ersten Freude.

e) Man addiere die Werte aller Freuden auf der einen und die aller Leiden auf der anderen Seite. Wenn die Seite der Freude überwiegt, ist die Tendenz der Handlung im Hinblick auf die Interessen dieser einzelnen Person insgesamt gut; überwiegt die Seite des Leids, ist ihre Tendenz insgesamt schlecht. [...]

Man bestimme die Anzahl der Personen, deren Interessen anscheinend betroffen sind, und wiederhole das oben genannte Verfahren im Hinblick auf jede von ihnen. Man addiere die Zahlen, die den Grad der guten Tendenz ausdrücken, die die Handlung hat – und zwar im Bezug auf jedes Individuum, für das die Tendenz insgesamt gut ist; das gleiche tue man in Bezug auf jedes Individuum, für das die Tendenz insgesamt schlecht ist. Man ziehe die Bilanz. Es kann nicht erwartet werden, dass dieses Verfahren vor jedem moralischen Urteil und vor jeder gesetzgebenden oder richterlichen Tätigkeit streng durchgeführt werden sollte. Es mag jedoch immer im Blick sein, und je mehr sich das bei solchen Anlässen tatsächlich durchgeführte Verfahren diesem annähert, desto mehr wird sich ein solches Verfahren dem Rang eines exakten Verfahrens annähern.

Jeremy Bentham.

geil finden? • Überlege vor der Tat, damit nichts Törichtes daraus entstehe. • Was bringt mir das? • Das

Das Interess

Anstelle meiner eigenen Interessen habe ich nun die Interessen aller zu berücksichtigen, die von meiner Entscheidung betroffen sind. Dies erfordert von mir, dass ich alle diese Interessen abwäge und jenen Handlungsverlauf wähle, von dem es am wahrscheinlichsten ist, dass er die Interessen der Betroffenen maximiert. Also muss ich den Handlungsablauf wählen, der per saldo für alle Betroffenen die besten Konsequenzen hat. Dies ist eine Form von Utilitarismus. Sie unterscheidet sich vom klassischen Utilitarismus dadurch, dass „beste Konsequenzen" das bedeutet, was nach reiflicher Erwägung die Interessen der Betroffenen fördert, und nicht bloß das, was Lust vermehrt und Unlust verringert.

Ich habe die Überzeugung begründet, dass es sich bei dem fundamentalen Prinzip der Gleichheit, auf dem die Gleichheit aller Menschen beruht, um ein Prinzip der gleichen Interessenabwägung handelt. Nur ein grundlegendes moralisches Prinzip dieser Art gestattet es uns, eine Form von Gleichheit zu vertreten, die alle menschlichen Wesen umfasst – trotz aller Unterschiede, die zwischen ihnen bestehen. Ich behaupte nun, dass dieses Prinzip zwar eine adäquate Basis für menschliche Gleichheit ist, aber eine Basis, die sich nicht auf Menschen beschränken lässt. Ich schlage mit anderen Worten vor, dass wir, wenn wir das Prinzip der Gleichheit als eine vernünftige moralische Basis für unsere Beziehungen zu den Angehörigen unserer Gattung akzeptiert haben, auch verpflichtet sind, es als eine vernünftige moralische Basis für unsere Beziehungen mit Lebewesen außerhalb unserer Gattung anzuerkennen – den nichtmenschlichen Lebewesen.

Dieser Vorschlag erscheint zunächst bizarr. Wir pflegen die Unterdrückung von Schwarzen und Frauen zu den wichtigsten moralischen und politischen Fragen zu zählen, die heute die Welt bedrängen. Dies sind schwerwiegende Probleme, die den Zeitaufwand und die Energie jedes verantwortungsbewussten Menschen verdienen. Aber Tiere? Das Wohl von Tieren ist doch etwas ganz anderes, etwas, worum sich alte Damen in Tennisschuhen sorgen mögen. Wie kann jemand unsere Zeit damit vergeuden, Gleichheit für Tiere zu fordern, während so vielen Menschen die wirkliche Gleichheit vorenthalten wird?

In dieser Haltung drückt sich ein verbreitetes Vorurteil dagegen aus, die Interessen von Tieren ernst zu nehmen, ein Vorurteil, das nicht besser fundiert ist als das der weißen Sklavenhalter, die nicht bereit waren, die Interessen der Schwarzen ernst zu nehmen. Es fällt uns leicht, die Vorurteile unserer Großeltern zu kritisieren, von denen sich unsere Eltern frei gemacht haben. Viel schwieriger ist es, uns von unseren eigenen Überzeugungen zu distanzieren, um leidenschaftslos nach Vorurteilen unter ihnen Ausschau zu halten. Dazu ist allerdings eine Bereitschaft nötig, den Argumenten zu folgen, wohin auch immer sie führen.

> Der Gerechte erbarmt sich
> seines Viehs;
> aber das Herz der Gottlosen
> ist unbarmherzig.
> Spr 12,10

Die Fähigkeit zu leiden und sich zu freuen ist eine Grundvoraussetzung dafür, überhaupt Interessen haben zu können, eine Bedingung, die erfüllt sein muss, bevor wir überhaupt sinnvoll von Interessen sprechen können. Es wäre Unsinn zu sagen, es sei nicht im Interesse des Steins, dass das Kind ihm auf der Straße einen Tritt gibt. Ein Stein hat keine Interessen, weil er nicht leiden kann. Nichts, das wir ihm zufügen können, würde in irgendeiner Weise auf sein Wohlergehen Einfluss haben. Eine *Maus* dagegen hat ein Interesse daran, nicht gemartert zu werden, weil sie dabei leiden wird.

Wenn ein Wesen leidet, kann es keine moralische Rechtfertigung dafür geben, sich zu weigern, dieses Leiden in Erwägung zu ziehen. Es kommt nicht auf die Natur des Wesens an – das Gleichheitsprinzip verlangt, dass sein Leiden ebenso zählt wie das gleiche Leiden – soweit sich ein ungefährer Vergleich ziehen lässt – irgendeines anderen Wesens. Ist ein Wesen nicht leidensfähig oder nicht fähig, Freude oder Glück zu erfahren, dann gibt es nichts zu berücksichtigen.

Daher sollten wir die Lehre, die das Leben von Angehörigen unserer Gattung über das Leben der Angehörigen anderer Gattungen erhebt, ablehnen. Manche Angehörige anderer Gattungen sind Personen: manche Angehörige unserer eigenen Gattung sind es nicht. Keine objektive Beurteilung kann dem Leben von Mitgliedern unserer Gattung, die keine Personen sind, mehr Wert verleihen als dem Leben von Mitgliedern einer anderen Gattung, die Personen sind. Im Gegenteil gibt es starke Gründe dafür, das Leben von Personen über das von Nichtpersonen zu stellen. So scheint es, dass etwa die Tötung eines Schimpansen schlimmer ist als die Tötung eines schwer geistesgestörten Menschen, der keine Person ist.

Gegenwärtig wird die Tötung eines Schimpansen nicht als schwerwiegendes Problem betrachtet. Eine große Anzahl von Schimpansen wird in der Forschung verwendet. Weil sich Schimpansen in Gefangenschaft nur schwer züchten lassen, werden sie im afrikanischen Dschungel gefangen. Die Standardmethode, wie sie die Unternehmen, die für den Nachschub an Tieren sorgen,

Maus

~~er Ratte~~ f

verwenden, besteht darin, ein Weibchen, das ein Junges bei sich hat, zu erschießen. Das Junge wird dann gefangen und nach Europa und in die Vereinigten Staaten transportiert.

Bei Schimpansen ist es wohl am deutlichsten, dass sie nicht-menschliche Personen sind, aber es gibt sicher auch andere. Systematische Beobachtungen von Walen und Delphinen stecken noch in den Anfängen, aber es ist gut möglich, dass sich diese Säugetiere mit ihren großen Gehirnen als vernunftbegabt und selbstbewusst herausstellen. Heute metzelt die Walindustrie jährlich Zehntausende von Walen nieder, obwohl es für jedes Walprodukt ein Ersatzprodukt gibt. Wird man dereinst von dieser Industrie so denken, wie man heute über den Sklavenhandel denkt? Dieselbe Frage kann man an Thunfischjäger richten, die Hunderttausende von Delphinen in ihren Netzen ersticken lassen, weil sie die Thunfische gern mit einer Methode fangen, die es Delphinen nicht erlaubt, die Fangzone zu verlassen.

Peter Singer

Und Gott sprach: Lasset uns Menschen machen, ein Bild, das uns gleich sei, die da herrschen über die Fische im Meer und über die Vögel unter dem Himmel und über das Vieh und über alle Tiere des Feldes und über alles Gewürm, das auf Erden kriecht. Und Gott schuf den Menschen zu seinem Bilde, zum Bilde Gottes schuf er ihn; und schuf sie als Mann und Frau. Und Gott segnete sie und sprach zu ihnen: Seid fruchtbar und mehret euch und füllet die Erde und machet sie euch untertan und herrschet über die Fische im Meer und über die Vögel unter dem Himmel und über das Vieh und über alles Getier, das auf Erden kriecht.
1. Mose 1,26–28

Hier kocht der Chef!

Gedankenexperiment: Stellen wir uns vor, dass Außerirdische, die uns überlegen sind, auf die Erde kommen und uns genauso behandeln, wie wir heute mit Tieren umgehen. Sie sperren uns in Zoos, damit sie am Wochenende ihren Kindern diese drolligen Ureinwohner zeigen können. Außerdem, sagen sie, sollen auch künftige Generationen diese merkwürdige Art, die sich einst so größenwahnsinnig auf Erden gebärdete, bestaunen können. Die neuen planetarischen Machthaber führen grausame und schmerzhafte Experimente mit uns durch. Diese bedauern sie zwar inständig und wortreich, aber, so sagen sie, die Versuche seien für den Fortschritt der Wissenschaft nun einmal leider unverzichtbar. Schließlich betreiben die neuen Herrscher auf Erden riesige Farmen, in denen sie uns Menschen für ihre Ernährung züchten. Auf ihren Volksfesten und in ihren Restaurants verspeisen sie uns dann – phantasievoll zubereitet und liebevoll serviert. Dabei gelten ihnen unsere Kinder als besonders leckere Spezialität. Als Rechtfertigung für ihre barbarischen Essgewohnheiten haben unsere Peiniger eine atemberaubend einfache Antwort parat: »Ihr schmeckt uns so gut!« Außerdem entspreche es einer uralten Tradition, Eroberte und Untergebene zu verspeisen. Was würden wir empfinden, wie würden wir reagieren, wenn dieser Alptraum der Alpträume Wirklichkeit würde? Vor allem aber: Wie würden wir gegenüber diesen zynischen, brutalen und rücksichtslosen Tyrannen argumentieren, um sie von der Verwerflichkeit ihres Tuns zu überzeugen und zu einem anderen Umgang mit uns zu bewegen?

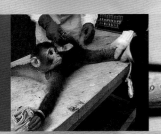

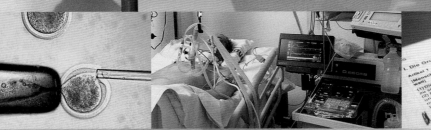

Und das ist ein wesentlicher Einwand, mit dem jede Ethik rechnen muss: Wenn sie die Überzeugungen nicht rekonstruieren kann, die unser moralisches Bewusstsein bestimmen, verfehlt sie ihren Gegenstand; was die Körper für die Physik und die Lebewesen für die Biologie sind, das ist die Moral für die Ethik. Hätten Menschen keine moralischen Überzeugungen und brächten wir sie nicht in unseren sozialen und kulturellen Überzeugungen zum Ausdruck, dann gäbe es Ethik als das Unternehmen ihrer rationalen Begründung, Kritik und Weiterentwicklung gar nicht. Man muss also zwischen den moralischen Intuitionen, die den Gegenstand ethischer Reflexion bilden, und der ganz anderen Frage streng unterscheiden, ob eine Ethik selbst intuitionistisch argumentiert, ob sie also auch noch zur Begründung oder Kritik ihres Gegenstandes auf Intuitionen zurückgreift, statt Argumente zu geben. Wo liegen die Widersprüche des Utilitarismus zu wesentlichen allgemeinmenschlichen Überzeugungen? Auf den ersten Blick scheint es ja, als würde das Prinzip der abstrakten Nutzenmehrung recht genau treffen, was Moral von uns verlangt. Aber denkt man es konsequent zu Ende, dann erweist sich seine Plausibilität als doppelbödig und führt zu einer ganzen Reihe gravierender Schwierigkeiten, die wesentlich mit dem problematischen Gesichtspunkt der Optimierung von Lust und Minimierung von Leid zu tun haben. Da ist zunächst das Problem der Folgenabschätzung: Wenn die Folgen einer Handlung darüber entscheiden sollen, ob sie gut oder schlecht ist, dann wird die Moral abhängig von Entwicklungen, die ein begrenzter menschlicher Verstand niemals überschauen kann. Selbst wenn ich heute einen Hilflosen vor dem Ertrinken rette, kann dieser in tausend Jahren einen Nachkommen haben, der die Menschheit ausrottet. Soll mein Handeln dann schlecht gewesen sein? ... Kann es schlecht sein, heute Menschen vor dem Verhungern zu retten, wenn dadurch vielleicht künftige Überbevölkerung mitverursacht wird? Sodann stellt sich das Problem der Abgrenzung des Betroffenenkreises: Auch die für die utilitaristische Position entscheidende Forderung an uns, die Folgen für alle von unserem Handeln betroffenen Menschen oder sonstigen Wesen zu berücksichtigen, ist unerfüllbar, weil sie nicht nur unseren zeit-

lichen, sondern auch den Horizont der Genauigkeit unserer Berechnungen überfordert. Der Autokäufer ist an einem möglichst niedrigen Preis, der Verkäufer an möglichst niedrigen Herstellungskosten interessiert, aber beider Glück geht vielleicht auf Kosten der Umwelt künftiger Generationen oder auch schon unabsehbar vieler jetzt lebender Wesen. Wer soll markieren, bis wohin der Betroffenenkreis hier reicht?

Ferner stellt sich das Gerechtigkeitsproblem: Was ist, wenn das Opfer einer Minderheit das Glück einer mehr oder weniger großen Mehrheit sehr steigert oder ihr Leid mindert? Warum sollen Sklavenhalterei und Diskriminierung, Ungleichbehandlung von Geschlechtern oder Ausbeutung nichtmenschlicher Lebewesen schlecht sein, wenn der Gesamtnutzen durch sie gesteigert wird und vor allem, wenn Glück und Leid vom Bewusstsein derer abhängen, die so behandelt werden und vielleicht ganz einverstanden damit sind? Zumindest Prinzipien wie das kategorische Verbot der Folter oder das Verbot jeden Menschenversuchs, also auch das Gebot der Nichtinstrumentalisierung einwilligungsunfähiger Patiente[n] für fremdnützige Forschung, sind unter utilitaristische[n] Voraussetzungen ethisch kaum zu begreifen. Die Me[n]schenrechte überhaupt haben keine utilitaristisch be[…]gründbare Basis. Ist das Interesse eines Komatösen, e[i]nes unheilbar Kranken oder eines schwer Erbgeschädig[…]ten mit dem Interesse des Gesamtwohls nicht am beste[n] in Übereinstimmung zu bringen, indem man die Gesel[l]schaft von den Lasten befreit, die ihr – und ihnen selbs[t] – durch die bloße Existenz dieser Menschen entstehen? Vielleicht wird man der utilitaristischen Denkweise a[…] ehesten gerecht, wenn man ihre Attraktivität auf di[…] Bedeutung zurückführt, die sie längst für den ethisc[…] höchst relevanten, aber eben nicht konstitutiven Bereic[…] des Ökonomischen gewonnen hat. Das individuelle Streben nac[…] Nutzen als Prinzip der Beförderung des Gemeinwohls: das ist de[…] wohl urtümlichste Gedanke der modernen Wirtschaftslehre. Die Ge[…] fahren dieser so treffenden und perspektivenrei[…] chen Analyse stellen sich erst ein, wenn ma[n] sie als Schlüssel nicht nur zur Ökonomi[e] sondern zur philosophischen Rekon[…] struktion der Moral betrachte[t] und damit als Prinzip de[r] Ethik verabsolutiert. Dan[n] droht sie zur Ideologie ei[…] ner umfassenden Ökonomi[…] sierung des menschlichen Le[…] bens selbst zu werden.

Walter Schweidle[r]

IN DER GOLDENEN REGEL, DIE JESUS VON NAZARETH AUFGESTELLT HAT, FINDEN WIR DEN GEIST DER NÜTZLICHKEITSETHIK VOLLENDET AUSGESPROCHEN. DIE FORDERUNGEN, SICH DEM ANDERN GEGENÜBER SO ZU VERHALTEN, WIE MAN MÖCHTE, DASS ER SICH EINEM SELBST GEGENÜBER VERHÄLT, UND DEN NÄCHSTEN ZU LIEBEN WIE SICH SELBST, STELLEN DIE UTILITARISTISCHE MORAL IN IHRER HÖCHSTEN VOLLKOMMENHEIT DAR.

WENN DU MERKST, DASS DU ALLEIN DEINEM NUTZEN DIENST, DANN IST DEIN DIENST FALSCH.

Größtmögliches Glück für die größtmögliche Zahl

alles, löscht den Schrott und behaltet nur die guten Sachen!

Anselm Kiefer „Der gestirnte Himmel"

»Der kategorische Imperativ ist also ein einziger, und zwar dieser: handle nur nach derjenigen Maxime, durch die du zugleich wollen kannst, dass sie ein allgemeines Gesetz werde.«

»Handle so, dass du die Menschheit, sowohl in deiner Person, als in der Person eines jeden andern jederzeit zugleich als Zweck, niemals bloß als Mittel brauchst.«

Es ist überall nichts in der Welt, ja überhaupt auch außer derselben zu denken möglich, was ohne Einschränkung für gut könnte gehalten werden, als allein ein g u t e r W i l l e. Verstand, Witz, Urteilskraft und wie die *Talente* des Geistes sonst heißen mögen, oder Mut, Entschlossenheit, Beharrlichkeit im Vorsatz, als Eigenschaften des *Temperaments* sind ohne Zweifel in mancher Absicht gut und wünschenswert; aber sie können auch äußerst böse und schädlich werden, wenn der Wille, der von diesen Naturgaben Gebrauch machen soll und dessen eigentümliche Beschaffenheit darum *Charakter* heißt, nicht gut ist. Mit den *Glücksgaben* ist es ebenso bewandt. Macht, Reichtum, Ehre, selbst Gesundheit und das ganze Wohlbefinden und Zufriedenheit mit seinem Zustande, unter dem Namen der *Glückseligkeit*, machen Mut und hierdurch öfters auch Übermut, wo nicht ein guter Wille da ist, der den Einfluss derselben aufs Gemüt, und hiermit auch das ganze Prinzip zu handeln, berichtige und allgemein-zweckmäßig mache [...]
Der gute Wille ist nicht durch das, was er bewirkt oder ausrichtet, nicht durch seine Tauglichkeit zu Erreichung irgendeines vorgesetzten Zweckes, sondern allein durch das Wollen, d. i. an sich gut. [...]
Immanuel Kant

der gestirnte Himmel über uns
das moralische Gesetz in mir.

Allein ein guter Wille

benehmen, die für einen selbst unangenehm ist; das ist das Wesen der Moral. ⚙ Ein Zustand, der nicht angenehm oder

Strenge bei der Wahrheit geblieben?

Nun ist die *erste Frage*: ob der Mensch, in Fällen, wo er einer Beantwortung mit Ja oder Nein nicht ausweichen kann, die *Befugnis* (das Recht) hat, unwahrhaft zu sein. Die *zweite Frage* ist: ob er nicht gar verbunden sei, in einer gewissen Aussage, wozu ihn ein ungerechter Zwang nötigt, unwahrhaft zu sein, um eine ihn bedrohende Missetat an sich oder einem anderen zu verhüten.

Wahrhaftigkeit in Aussagen, die man nicht umgehen kann, ist formale Pflicht des Menschen gegen jeden, es mag ihm oder einem andern daraus auch noch so großer Nachteil erwachsen. Die Lüge also, bloß als vorsätzlich unwahre Deklaration gegen einen anderen Menschen definiert, bedarf nicht des Zusatzes, dass sie einem anderen schaden müsse; wie die Juristen es zu ihrer Definition verlangen [...] Denn sie schadet jederzeit einem anderen, wenn gleich nicht einem anderen Menschen, doch der Menschheit überhaupt, indem sie die Rechtsquelle unbrauchbar macht [...]

Hast du nämlich einen eben itzt mit Mordsucht Umgehenden *durch eine Lüge* an der Tat verhindert, so bist du für alle Folgen, die daraus entspringen möchten, auf rechtliche Art verantwortlich. Bist du aber strenge bei der Wahrheit geblieben, so kann dir die öffentliche Gerechtigkeit nichts anhaben; die unvorhergesehene Folge mag sein welche sie wolle. Es ist doch möglich, dass, nachdem du dem Mörder, auf die Frage, ob der von ihm Angefeindete zu Hause sei, ehrlicherweise mit Ja geantwortet hast, dieser doch unbemerkt ausgegangen ist, und so dem Mörder nicht in den Wurf gekommen, die Tat also nicht geschehen wäre; hast du aber gelogen, und gesagt, er sei nicht zu Hause, und ist auch wirklich (obzwar dir unbewusst) ausgegangen, wo denn der Mörder ihm im Weggehen begegnete und seine Tat an ihm verübte: so kannst du mit Recht als Urheber des Todes desselben angeklagt werden. Denn hättest du die Wahrheit, so gut du sie wusstest, gesagt: so wäre vielleicht der Mörder über dem Nachsuchen seines Feindes im Hause von herbeigelaufenen Nachbarn ergriffen, und die Tat verhindert worden. Wer also *lügt*, so gutmütig er dabei auch gesinnt sein mag, muss die Folgen davon, selbst vor dem bürgerlichen Gerichtshofe, verantworten und dafür büßen: so unvorhergesehen sie auch immer sein mögen; weil Wahrhaftigkeit eine Pflicht ist, die als die Basis aller auf Vertrag zu gründenden Pflichten angesehen werden muss, deren Gesetz, wenn man ihr auch nur die geringste Ausnahme einräumt, schwankend und unnütz gemacht wird.

Es ist also ein heiliges, unbedingt gebietendes, durch keine Konvenienzen einzuschränkendes Vernunftgebot; in allen Erklärungen *wahrhaft* (ehrlich) zu sein. Jeder Mensch aber hat nicht allein ein Recht, sondern sogar die strengste Pflicht zur Wahrhaftigkeit in Aussagen, die er nicht umgehen kann: sie mag nun ihm selbst oder andern schaden. Er selbst *tut* also hiermit dem, der dadurch leidet, eigentlich nicht Schaden, sondern diesen *verursacht* der Zufall. Denn jener ist hierin gar nicht frei, um zu wählen; weil die Wahrhaftigkeit [...] unbedingte Pflicht ist. *Immanuel Kant*

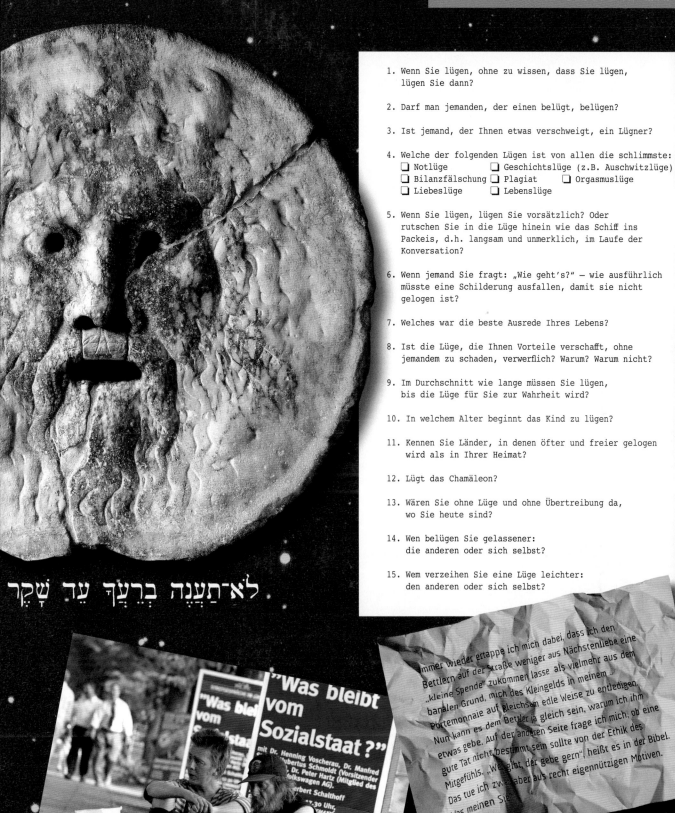

1. Wenn Sie lügen, ohne zu wissen, dass Sie lügen, lügen Sie dann?

2. Darf man jemanden, der einen belügt, belügen?

3. Ist jemand, der Ihnen etwas verschweigt, ein Lügner?

4. Welche der folgenden Lügen ist von allen die schlimmste:
   ❑ Notlüge   ❑ Geschichtslüge (z.B. Auschwitzlüge)
   ❑ Bilanzfälschung ❑ Plagiat   ❑ Orgasmuslüge
   ❑ Liebeslüge   ❑ Lebenslüge

5. Wenn Sie lügen, lügen Sie vorsätzlich? Oder rutschen Sie in die Lüge hinein wie das Schiff ins Packeis, d.h. langsam und unmerklich, im Laufe der Konversation?

6. Wenn jemand Sie fragt: „Wie geht's?" – wie ausführlich müsste eine Schilderung ausfallen, damit sie nicht gelogen ist?

7. Welches war die beste Ausrede Ihres Lebens?

8. Ist die Lüge, die Ihnen Vorteile verschafft, ohne jemandem zu schaden, verwerflich? Warum? Warum nicht?

9. Im Durchschnitt wie lange müssen Sie lügen, bis die Lüge für Sie zur Wahrheit wird?

10. In welchem Alter beginnt das Kind zu lügen?

11. Kennen Sie Länder, in denen öfter und freier gelogen wird als in Ihrer Heimat?

12. Lügt das Chamäleon?

13. Wären Sie ohne Lüge und ohne Übertreibung da, wo Sie heute sind?

14. Wen belügen Sie gelassener: die anderen oder sich selbst?

15. Wem verzeihen Sie eine Lüge leichter: den anderen oder sich selbst?

לֹא-תַעֲנֶה בְרֵעֲךָ עֵד שָׁקֶר

"Was bleibt vom Sozialstaat?"

mit Dr. Henning Voscherau, Dr. Manfred
Hubertus Schmoldt (Vorsitzender
Dr. Peter Hartz (Mitglied des
Volkswagen AG).
erbert Schalthoff

7.30 Uhr,

SPD

Immer wieder ertappe ich mich dabei, dass ich den Bettlern auf der Straße weniger aus Nächstenliebe eine „kleine Spende" zukommen lasse als vielmehr aus dem banalen Grund, mich des Kleingelds in meinem Portemonnaie auf gleichsam edle Weise zu entledigen. Nun kann es dem Bettler ja gleich sein, warum ich ihm etwas gebe. Auf der anderen Seite frage ich mich, ob eine gute Tat nicht bestimmt sein sollte von der Ethik des Mitgefühls. „Wer gibt, der gebe gern", heißt es in der Bibel. Das tue ich zwar, aber aus recht eigennützigen Motiven. Was meinen Sie?

em anderen zumuten? ✡ Tue nicht anderen, was Du nicht willst, dass sie Dir tun. ☧ Matthäus 7,12 ☪ Keiner von Euch ist

Kein handlungsneutrales Moralometer

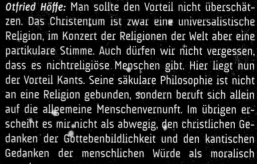

Herr Professor Höffe, wenn von Kant die Rede ist, assoziieren die meisten Menschen nur den kategorischen Imperativ. Lässt sich auf dieses Fundament des kantischen Pflichtethos noch heute aufbauen, auch angesichts der Erkenntnis, dass Menschen verschiedener Kulturen doch sehr Verschiedenes zum allgemeinen Gesetz erheben würden, wenn sie nur könnten?

Otfried Höffe: In seiner Moralphilosophie will Kant unser gewöhnliches moralisches Bewusstsein und Selbstbewusstsein auf den Begriff bringen. Dabei entdeckt er den kategorischen Imperativ mit drei Funktionen. Erstens ist Moral etwas schlechthin (kategorisch) Gesolltes („Imperativ"). Zweitens gibt es dazu ein Kriterium: den Gedanken der Verallgemeinerung. Drittens ist Moral kein neutrales Angebot, sondern enthält die Aufforderung, ihr gemäß zu handeln. Man würde Kant also missverstehen, wenn man glaubte, er hätte ein handlungsneutrales Moralometer aufgestellt, an dem man ablesen könnte, was moralisch, was unmoralisch ist, ohne zum entsprechenden Tun und Lassen aufgefordert zu werden.

Wir stehen zur Zeit gerade auf dem Gebiet der Ethik vor neuen Herausforderungen, so etwa vor der Frage, ab wann dem menschlichen Embryo Menschenwürde zukommt. Kann bei der Entscheidung ein Rückgriff auf Kant heute noch von Nutzen sein?

Otfried Höffe: Ohne Zweifel. Wir verdanken Kant die entscheidende Bestimmung des Begriffs Menschenwürde. Würde ist für ihn etwas, das über allen Preis erhaben ist, da gibt es nichts auszuhandeln. Und diese Würde kommt dem Menschen einzig und allein aus dem Grunde zu, weil er ein Mensch ist. Daraus ergibt sich die Anschlussfrage: Wann beginnt denn das Menschsein? Von Kant können wir lernen, dass diese Frage nicht willkürlich ... oder unter Berufung auf kulturelle Besonderheiten beantwortet werden kann.

Die Kirchen argumentieren ja in der Frage der Forschung an embryonalen Stammzellen mit dem christlichen Menschenbild. Und haben da vielleicht den Vorteil eines festen Bezugspunktes. Ist diese Position mit Kant zu vereinbaren, oder verläuft hier die Trennlinie zwischen Theologie und kantischer Philosophie?

Otfried Höffe: Man sollte den Vorteil nicht überschätzen. Das Christentum ist zwar eine universalistische Religion, im Konzert der Religionen der Welt aber eine partikulare Stimme. Auch dürfen wir nicht vergessen, dass es nichtreligiöse Menschen gibt. Hier liegt nun der Vorteil Kants. Seine säkulare Philosophie ist nicht an eine Religion gebunden, sondern beruft sich allein auf die allgemeine Menschenvernunft. Im übrigen erscheint es mir nicht als abwegig, den christlichen Gedanken der Gottebenbildlichkeit und den kantischen Gedanken der menschlichen Würde als moralisch gleichwertig anzusehen.

Was viele Menschen, die sich oberflächlich mit Kant beschäftigt haben, irritiert, ist seine Forderung, das Motiv für sittliches Handeln dürfe nicht Neigung heißen, es gehe um moralische Pflicht, nicht zu verwechseln mit der Erfüllung von Pflichten, die von Außen auferlegt sind. Wie ist das eigentlich zu verstehen?

Otfried Höffe: Ja. Kants Aussage wird gern missverstanden. Denn viele Menschen sehen nicht, in welcher Weise Kant das Verhältnis von Pflicht und Neigung zuspitzt. Nehmen wir die Hilfsbereitschaft. Dass wir unserer Familie und unseren Freunden helfen, scheint sich von selbst zu verstehen, was auch Kant nicht bezweifelt. Aber wie steht es, wenn keine besonderen Bindungen zu dem Hilfsbedürftigen bestehen – wie im Gleichnis vom guten Samariter, der einem Wildfremden, der in Not geraten ist, hilft? Um diese Art der Hilfsbereitschaft geht es in der moralischen Pflicht, Notleidenden zu helfen. Und die Hilfe darf nicht etwa mit einem griesgrämigen Blick erfolgen, sondern freudig und frei, aus dem Innern der Persönlichkeit heraus. Dies ist nur möglich aus einem Gefühl der Pflicht gegenüber dem inneren Sittengesetz. Natürlich kennt Kant die Menschen in ihrer Verführbarkeit genug, um zu wissen, dass sie oft genug nicht moralisch handeln – oder zwar moralisch, aber aus moralfremden Motiven. Aber erst in schwierigen Situationen, genau genommen sogar erst in der Grenzsituation eines Konflikts von Pflicht und Neigung, zeigt sich, ob man im vollen Sinn moralisch handelt, nämlich nicht bloß in Übereinstimmung mit einem moralischen Ge- oder Verbot, sondern auch als Achtung vor ihm.

Ah, eine SMS von Onkel „Ümüm": „Lieber Ali, wenn Du in die Disco gehst, handle nur nach derjenigen Maxime, durch die Du zugleich wollen kannst, dass sie ein allgemeines Gesetz werde." Voll krass, ey.

Die neue Pisa-Studie: Leseleistungen bei Einwanderern verbessert

Keiner hat das Recht zu gehorchen.

Eltern haften für ihre Kinder

Tugenden sind modern

Tugenden sind modern. Diese Behauptung klingt gewagt, denn wer heute von einem tugendhaften Menschen hört, der glaubt sich ins (vor)letzte Jahrhundert zurückversetzt: Er stellt sich wahrscheinlich einen wohlgescheitelten Knaben vor; Klassenprimus ist er, Streiche verabscheut er; vielleicht trägt er eine Brille, einen dunklen Konfirmandenanzug und petzt; er gilt als Tugendbold, der scheinheilig alle Sittengesetze befolgt und auf andere hinabblickt. Das tugendhafte Mädchen zieht keine „Männerhosen" an, noch nicht einmal ein ärmelloses Kleid, und besteht auf Keuschheit.

Tatsächlich galt die Keuschheit als Tugend. Als Benjamin Franklin seinen persönlichen Moralkatalog von dreizehn Tugenden aufstellte, zählte er darunter ganz selbstverständlich auch die Keuschheit und definierte sie in einer Art und Weise, die uns heute eher verstaubt anmutet; seine Maxime lautete: „Gebrauche die Sexualität selten und nur um der Gesundheit oder Nachkommen willen – nie zur Abstumpfung, Schwächung oder Schädigung des eigenen oder des Friedens oder Rufes eines anderen." Doch wie soll Keuschheit noch als Maßstab des Verhaltens gelten, wenn die Kinder, kaum sind sie sexuell gereift, schon kostenlos Kondome an den Schulen erhalten und in derer Benutzung eingewiesen werden – als Vorsorge weniger gegen Schwangerschaft als gegen die Seuche Aids.

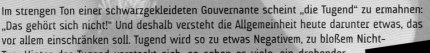

Im strengen Ton einer schwarzgekleideten Gouvernante scheint „die Tugend" zu ermahnen: „Das gehört sich nicht!" Und deshalb versteht die Allgemeinheit heute darunter etwas, das vor allem einschränken soll. Tugend wird so zu etwas Negativem, zu bloßem Nicht-Tun. Hinter der Tugend versteckt sich, so sehen es viele, ein drohender Zeigefinger, weswegen man nicht zu tun wagt, was man heimlich gerne täte. Wer Tugenden so altertümlich definiert, dem muss dieses Wort überholt und veraltet vorkommen.

Die Anzahl der ethischen Werte und Tugenden lässt sich in keiner Liste abschließend aufzählen. Je nach dem Stand der Erkenntnis und dem Zustand einer Gesellschaft entwickeln sich neue Werte und Tugenden, verändern sich alte, wandeln andere ihre Bedeutung. So wurde aus der aristotelischen Tapferkeit die heutige Zivilcourage. So hat sich die Wohlfahrt über die Jahrhunderte hin gewandelt, wurde zur Barmherzigkeit, aus der zur Zeit der Französischen Revolution die Brüderlichkeit entstand, und die hat sich mit den aufkommenden sozialistischen Ideen zur Solidarität gewandelt. Die Begriffe haben sich mit den gesellschaftlichen Bedingungen verändert, der ethische Grundgedanke ist jedoch immer der gleiche geblieben.

Seit Platon und Aristoteles ist die Tugend ein Grundbegriff der Ethik. Für die griechischen Philosophen war die Tugend das Ideal der Erziehung des Menschen zu einer vortrefflichen Persönlichkeit. Sie bestimmt das richtige Handeln im ethischen Sinn. Unter Tugend versteht man eine Grundhaltung des Menschen. Jede Tugend ist eine „Disposition", eine Veranlagung, die den Menschen befähigt, seine Handlungen sittlichen Motiven unterzuordnen. Tugenden, so sagt Aristoteles, sind nicht einfach angeboren, sondern sie werden durch Erfahrung eingeübt und entwickelt. Wenn jemand handelt, dann veranlasst die Tugend, dass er die richtige Entscheidung trifft.

Ulrich Wickert

Unzucht, Unreinheit, Ausschweifung, Götzendienst, Zauberei, Feindschaft, Hader, Eifersucht, Zorn,

Das Mittlere zwischen zwei Fehlern

Unsere Sinne (Gesicht und Gehör) sind nicht die Wirkung von vielem Sehen und Hören, sondern es ist umgekehrt: zuerst hatten wir sie, und dann gebrauchten wir sie, nicht aber bekamen wir sie infolge des Gebrauchs. Die Tugenden dagegen werden uns erst nach vorausgegangener Tätigkeit zu eigen, gerade wie es bei den Künsten auch ist. Denn wenn man lernen muss, um es zu tun, das lernt man, indem man es tut: z.B. wird man Baumeister dadurch, dass man baut, und Kitharaspieler dadurch, dass man spielt. Ebenso werden wir gerecht dadurch, dass wir gerecht handeln, besonnen dadurch, dass wir besonnen handeln, und tapfer dadurch, dass wir tapfer handeln ... Am Kitharaspielen bilden sich die guten und schlechten Kitharaspieler, und entsprechend ist es bei den Baumeistern und allen andern Künstlern. Wer gut baut, wird ein guter, wer schlecht, ein schlechter Baumeister. Wäre dem nicht so, dann bräuchte man ja keinen Lehrer, sondern alle wären entweder geborene Meister oder geborene Pfuscher. Und geradeso ist es bei den Tugenden.

Es genügt nun noch nicht zu sagen, dass Tugend *(arete)* eine Eigenschaft sei, sondern wir müssen auch noch angeben, welche. Hier ist zu sagen, dass jede Art von Tüchtigkeit *(arete)* die gute Verfassung ihrer Trägers zur Vollendung bringt und seine Leistung zu einer guten macht: z.B. die *arete* des Auges macht das Auge und seine Leistung gut; denn vermöge der Tüchtigkeit des Auges sehen wir gut. Ebenso macht die Tüchtigkeit des Pferdes das Pferd gut und fähig zu laufen, den Reiter zu tragen und vor dem Feinde standzuhalten. Wenn das nun überall so ist, so wird auch die *arete* des Menschen eine Eigenschaft sein, durch die der Mensch gut wird und vermöge deren er seine Aufgabe gut vollbringt.

Nun lässt sich bei allem, was zusammenhängt und teilbar ist, ein Mehr, ein Weniger oder ein Gleiches feststellen, und zwar in Hinsicht auf die Sache selbst und in Hinsicht auf uns. Das Gleiche aber ist ein Mittleres zwischen zu viel und zu wenig. Unter der Mitte der Sache verstehe ich das, was einen gleich weiten Abstand hat von beiden Extremen und was Eines und für alle dasselbe ist. Unter dem Mittleren in Hinsicht auf uns aber verstehe ich das, was weder zu viel noch zu wenig ist; dies aber ist nicht Eines und nicht für alle dasselbe. Z.B. wenn zehn zuviel und zwei zu wenig sind, so nimmt man sechs als Mittleres in Hinsicht auf die Sache; denn es übertrifft die eine Zahl um ebensoviel als es hinter der anderen zurückbleibt: das ist das Mittlere nach dem arithmetischen Verhältnis. Das Mittlere in Hinsicht auf uns lässt sich aber nicht in dieser Weise feststellen. Denn wenn z.B. für einen Mann zehn Pfund (täglich) zu verzehren zu viel sind und zwei zu wenig, so wird ihm der Ringmeister nicht einfach sechs Pfund vorschreiben. Denn dies kann für den, der es bekommen soll, ebenso zu viel als zu wenig sein; zu wenig etwa für einen Milon, zu viel aber für einen Anfänger in den gymnastischen Übungen. Dasselbe gilt für den Lauf und den Ringkampf. So vermeidet jeder Sachverständige das Zuviel und das Zuwenig, sucht und wählt das Mittlere, das Mittlere aber nicht in Hinsicht auf die Sache, sondern in Hinsicht auf uns. Jede Wissenschaft und Kunst wird ihre Aufgabe dann gut lösen, wenn sie auf das Mittlere sieht und dies zum Zielpunkt ihrer Arbeit macht.

Wenn also gute Künstler, wie gesagt, im Blick darauf ihre Arbeit tun, und wenn die Tugend, wie auch die Natur, noch feiner und besser zu Werke geht als jede Kunst, dann muss auch sie auf das Mittlere abzielen. Ich meine natürlich die ethische Tugend. Denn diese hat es mit den Affekten und Handlungen zu tun, bei denen es ein Zuviel, ein Zuwenig und ein Mittleres gibt. Z.B. bei der Furcht, der Kühnheit, bei der Begierde, beim Zorn, beim Mitleid, kurz bei allen Lust- und Unlustgefühlen gibt es ein Zuviel und Zuwenig, und beides ist nicht gut; dagegen wann, aus welchem Grunde, gegen wen und zu welchem Zweck diese Affekte am Platz sind, darüber sich klar zu sein, das ist das Mittlere und das Beste und das ist Sache der Tugend. Ebenso gibt es auch beim Handeln ein Zuviel und ein Zuwenig und ein Mittleres. Die Tugend aber hat es mit den Affekten und den Handlungen zu tun, bei denen ein Übermaß ein Fehler ist und ein Untermaß Tadel verdient, das Mittelmaß aber Lob erntet und das Richtige trifft. Dies beides aber gehört zur Tugend. Die Tugend ist also ein mittleres Verhalten, darauf bedacht, die rechte Mitte zu treffen.

Es ist also die Tugend eine aus vorsätzlichem Handeln entspringende Eigenschaft, die ein Mittelmaß in Hinsicht auf uns einhält, das begrifflich und nach dem jeweiligen Urteil des Vernünftigen bestimmt wird. Sie ist das Mittlere zwischen zwei Fehlern, einem Übermaß und einem Abmangel, insofern diese beiden in den Affekten und Handlungen das rechte Maß überschreiten, während die Tugend das Mittlere findet und sich dafür entscheidet.

Aristoteles

Zank, Zwietracht, Spaltungen, Neid, Saufen, Fressen und dergleichen. ... Die solches tun, werden

Liebe Steffi, lieber Daniel,

ich freue mich ja, so dass Ihr beiden nun doch noch heiraten wollt. Und dann noch ganz groß! Ich werde auf jeden Fall gerne dabei sein! Habt Ihr einen bestimmten Wunsch, den ich Euch erfüllen kann?

Bei der Geschichte mit der Hochzeitstorte kann ich Euch, glaube ich, weiterhelfen. Es ist kein Zufall, dass Hochzeitstorten aus drei, fünf oder sieben Etagen bestehen:

Drei Etagen, in England typisch für den Wedding-Cake, symbolisieren die Dreifaltigkeit: Gottvater, Sohn und Heiliger Geist.

Fünf Etagen stehen für die wichtigen Stationen des Lebens: Geburt, Erstkommunion, Hochzeit, Kindersegen und Lebensende.

Sieben Etagen (die ich Euch empfehlen würde!) stehen für die sieben Tugenden: Tapferkeit, Klugheit, Mäßigkeit und Gerechtigkeit (die sog. Kardinal-tugenden, wie sie schon die griechischen Philosophen beschreiben) sowie Glaube, Liebe, Hoffnung – die drei christlichen Tugenden.

Viel Freude bei der Planung Eures Hochzeitsfests und natürlich auch bei der Auswahl Eurer Hochzeitstorte wünscht Euch

Eure Tante Clara

P.S.: Anbei schon einmal 100 Euro, damit Ihr bei einem guten Abendessen auf mich anstoßen könnt!

„WEDER ABENDSTERN NOCH MORGENSTERN SIND SO WUNDERBAR..."

GERECHTIGKEIT

...ch Gottes nicht erben. Die Frucht aber des Geistes ist Liebe, Freude, Friede, Geduld, Freundlichkeit, Güte,

Man kann sich diesen Fra

BEREICH	TUGEND
1. Furcht vor großen Schäden, insbesondere vor dem Tod	Tapferkeit
2. Körperliche Begierden und damit verbundene Freuden	Mäßigung
3. Verteilung der begrenzten Ressourcen	Gerechtigkeit
4. Umgang mit dem eigenen Besitz, sofern es um andere geht	Freigiebigkeit
5. Umgang mit dem eigenen Besitz, sofern es um Gastfreundschaft geht	Großzügige Gastfreundschaft
6. Einstellungen und Handlungen im Hinblick auf den eigenen Wert	Seelengröße
7. Einstellung gegenüber Kränkungen und Schäden	Sanftmut
8. Geselliger Verkehr in Worten und Handlungen a) Wahrheit in der Rede b) Verkehr mit anderen in spielerischer Weise c) Verkehr mit anderen in allgemeiner Weise	Wahrhaftigkeit Gefälliges Verhalten (im Gegensatz zu Grobheit, Tölpelhaftigkeit, Unempfindlichkeit) Ohne Namen, aber eine Art Freundlichkeit (im Gegensatz zu Reizbarkeit und Streitsucht)
9. Einstellung gegenüber Freud und Leid von anderen	Echtes Verständnis (im Gegensatz zu Neid, Schadenfreude usw.)
10. Geistiges Leben	Die verschiedenen verstandesmäßigen Tugenden wie Verständigkeit, Klugheit usw.
11. Die eigene Lebensplanung und -gestaltung	Praktische Vernunft

Der Relativist, der verschiedene Gesellschaften betrachtet, ist von der Vielfalt und der scheinbaren Nicht-Vergleichbarkeit der Tugendkataloge beeindruckt, die er dort vorfindet. Jemand, der so denkt, kann leicht zu der Überzeugung gelangen, dass Aristoteles' Tugendkatalog trotz seines Anspruchs auf Universalität und Objektivität ähnliche Beschränkungen aufweisen muss und dass sich in ihm lediglich widerspiegelt, was eine Gesellschaft für wichtig erachtet. Wenn wir jedoch eingehender untersuchen, wie Aristoteles die Tugenden aufzählt und voneinander unterscheidet, entdecken wir Dinge, die Zweifel an der Annahme aufkommen lassen, dass er lediglich das beschrieben hat, was er an seiner Gesellschaft bewunderte. Hier die wichtigsten von Aristoteles untersuchten Erfahrungsbereiche und die Namen der ihnen entsprechenden Tugenden:

Über diese Aufzählung, ihre einzelnen Punkte und die Bezeichnungen, die Aristoteles für die jeweilige Tugend wählt und von denen einige in der Tat kulturgebunden sind, wäre natürlich noch viel zu sagen. Entscheidend ist, dass jeder Mensch in diesen Bereichen irgendwelche Entscheidungen trifft und in einer bestimmten Weise handelt: wenn nicht richtig, dann falsch. Jeder hat irgendeine Einstellung und dementsprechend ein bestimmtes Verhalten gegenüber dem eigenen Tod, den eigenen körperlichen Begierden und dem Umgang mit ihnen, dem eigenen Besitz und seiner Verwendung, der Verteilung sozialer Güter, dem Sagen der Wahrheit, dem freundlichen Umgang mit anderen Menschen, dem Sinn für Spiel und Genuss usw. Wo immer man lebt, man kann sich diesen Fragen nicht entziehen, solange man ein menschliches Wesen ist. *Martha Nussbaum*

Treue, Sanftmut, Keuschheit; gegen all dies ist das Gesetz nicht. ... Wenn wir im Geist leben, so la

n nicht entziehen...

Wir wollen ein hartes Geschlecht heranziehen,

das stark ist,
zuverlässig,
treu,
gehorsam
und
anständig,

so daß wir uns unseres Volkes
vor der Geschichte
nicht zu schämen brauchen.

ADOLF HITLER REICHSPARTEITAG 1939

Zorn

Völlerei

Neid

Trägheit des Herzens

Wollust

auch im Geist wandeln. Gal 5,19-25

Lasst uns d

> *Da kam die Menge zusammen*
> *und wurde bestürzt; denn ein jeder hörte*
> *sie in seiner eigenen Sprache reden.*
> *Sie entsetzten sich aber und sprachen:*
> *Wie hören wir denn ein jeglicher seine*
> *Sprache, darin wir geboren sind?*
>
> *Apg 2,6-8*

Die Konsens-Theorie zeigt einen *Weg* zur Wahrheit. Diesen Weg sieht sie im Diskurs, in der gemeinschaftlichen Auseinandersetzung um die Wahrheit. Manche Wahrheitstheoretiker nennen die Theorie deshalb lieber Diskurstheorie. [...] Der nach den strengen Regeln der Kunst durchgeführte Diskurs, so lautet eine Kernthese der Theorie, führt mit einer Art Sicherheit, jedenfalls zuverlässiger als irgendetwas anderes, zum Konsens. [...]

Unter Diskurs möchte man sich zunächst wohl einfach eine Diskussion, eine in Worten geführte Auseinandersetzung um die Wahrheit vorstellen. Um das auszudrücken, hätte man indes keinen neuen Terminus „Diskurs" schaffen müssen. Der regelrechte Diskurs im Sinne der strengen Theorie ist mehr als eine Diskussion im üblichen Wortgebrauch. Zwar gehört das Miteinander-Sprechen, der verbale Austausch von Meinungen, unabdingbar dazu. Aber dieser Austausch ist eingebettet in Lebenszusammenhänge, in einen „Austausch" von Tun und Erleiden, Hoffen und Fürchten, Wählen und Meiden usw., den man als „Diskurs im weiteren Sinne" bezeichnen kann.

Der Ausgangspunkt des Diskurses ist grundsätzlich der *Konflikt* der einander entgegenstehenden Meinungen mit ihren jeweils naiven und gerade dadurch sehr massiven Geltungsansprüchen. Der Diskurs ist eine Auseinandersetzung über diese Geltungsansprüche mit dem Ziel, dass am Ende *eine* Mei-

nung in ihrem Geltungsanspruch „eingelöst", d.h. als wahr erwiesen ist und alle anderen abgewiesen sind.

Die speziellen Bestimmungen, wie ein Diskurs „nach den Regeln der Kunst" zu führen ist, sind nun die folgenden:
Kontrafaktisch ist zu unterstellen, dass der Diskurs in idealer Unbeschränktheit verläuft, das heißt

• erstens in *unverzerrter Kommunikation* und *herrschaftsfrei*, bei absoluter Gleichberechtigung aller Teilnehmer,
• zweitens rein *argumentativ*,

• drittens *ohne Zeitdruck* (wie er etwa durch Entscheidungs- oder Handlungszwang entstehen könnte), und
• viertens so, dass am Ende die *Zustimmung aller Vernünftigen* erreicht wird.

Die Konsenstheorie behauptet nun nicht, dass die Regeln, die sie aufstellt, *de facto* oder auch nur *de jure* gültig seien. Was sie behauptet, ist, dass sie *kontrafaktisch* zu unterstellen sind. Damit ist nicht nur gemeint, dass sie pflichtmäßig unterstellt werden *sollen*, sondern dass sie, so widersprüchlich das im ersten Moment klingt, bei jedem Diskurs, den Menschen gemeinsam durchführen, *de*

über reden

facto (also tatsächlich), wenn auch *kontrafaktisch* (d.h. unter idealer Negierung der rohen Wirklichkeit und des „Dschungels aus Egoismen") unterstellt *werden*. Jeder, der in einen Wahrheitsdiskurs eintritt, unterstellt diese idealen Regeln mit Selbstverständlichkeit, - anders würde niemand jemals sich in einen solchen Diskurs einlassen.

Der Gedanke der „kontrafaktischen Unterstellung" von idealen Diskursregeln ist ein Kernpunkt der Konsens- und Diskurstheorie, - zweifellos eine bedeutende Idee. Um ihre Bedeutung ins Licht zu rücken, sei die Frage angeschlossen: Wieso kann man mit solcher Sicherheit behaupten, dass jeder, der in einen Wahrheitsdiskurs eintritt, diese Regeln unterstellt? Man kann es deswegen, weil jeder angehende Diskursteilnehmer in einem ersten Gedankenschritt mindestens den Diskurs-*Gegner* innerlich auf diese Regeln verpflichtet, und wenn er nicht völlig töricht ist, muss er im zweiten Schritt zu der Einsicht gelangen, dass der Gegner ihn selbst mit demselben Recht in der gleichen Weise verpflichtet. Die Wichtigkeit der „kontrafaktischen Unterstellung" liegt somit darin, dass mit diesen beiden aufeinander folgenden Gedankenschritten der „Dschungel der Egoismen" be-

reits wesentlich gelichtet und teilweise außer Kraft gesetzt ist. Deswegen kann man sagen, dass ein so gearteter Diskurs, wenn er auch niemals problemlos ablaufen und nie *ganz* aus dem mehrfach erwähnten „Dschungel" führen wird, doch auch nie ganz ohne bedeutendes Ergebnis zu Ende gehen kann.

Ein bedeutendes Ergebnis eines zunächst mit sprachlichen Mitteln begonnenen Diskurses wird auch dann erreicht, wenn der sprachliche Diskurs irgendwann als aussichtslos abgebrochen wird, *vorausgesetzt*, dass er in den nicht-sprachlichen Lebenszusammenhängen *ohne Unterbrechung* weiterläuft. Da geschieht dann zunächst nichts weiter, als dass man nebeneinander her lebt, - wobei nur zwei minimale Regeln zwischen den Konfliktparteien eingehalten werden müssen: (a) dass man sich gegenseitig nicht die Köpfe einschlägt, und vor allem (b), dass man das dringlich Lebensnotwendige, soweit möglich, *gemeinsam* besorgt - dass das wirklich Dringliche für *beide* Konfliktparteien lebensnotwendig ist, sollte man nämlich annehmen dürfen. - Von diesem „Nebeneinander-her-Leben" können aber die bisher sprachlich ausgetauschten Argumente nicht unberührt bleiben, und wenn man eines Tages den sprachlichen Diskurs neu aufnimmt, könnte sich zum Beispiel zeigen, dass das eine oder andere Argument, das man früher für absolut schlagend gehalten hat, jetzt auf einmal „alt aussieht". Kurz, die „Lebenszusammenhänge" wirken faktisch wie Argumente, sie können genauso zu einem guten Ende des Diskurses beitragen wie die verbalen Argumente.

Hermann Steinthal

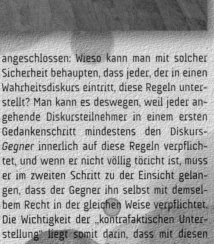

Den ganzen Schlund voller Rede?

Dialog ist nötig. Dialog hat immer Saison. Dialog mit dem Wähler. Dialog mit dem Partner. Dialog mit dem Andersdenkenden. Dialog mit dem Leser, dem Zuschauer, dem Pflegebefohlenen, Dialog mit Gott. Den ganzen Schlund voller Rede, kann man vom Dialog nie genug bekommen. Wahljahr ist immer Dialogjahr. Wer dem Wähler nichts zu bieten hat, leiht ihm wenigstens pro forma ein Ohr.

So oft, wie er gefordert wird, verrät der „Dialog" entweder das Ausmaß des gesellschaftlichen Schweigens oder die Leere seiner funktionalen Bedeutung. Denn Dialog ist allein eine Formbestimmung, die übersetzt soviel bedeutet wie: das Recht auf unverbindliches Sprechen. Wer Dialog fordert, tut es zunächst in der Vorfreude auf den Genuss des eigenen Sprechens.

In zweiter Hinsicht beschwichtigt er durch seine Forderung meist den oppositionellen Standpunkt und seine Ansprüche.

Hunde, die bellen, beißen nicht. Im Dialog schwingen Begriffe mit wie „Gesprächskultur" und „Toleranz gegenüber dem Andersdenkenden", was im Zweifelsfalle immer bedeutet: die Duldung des Unsäglichen.

Im Politischen ist keine Forderung so verbreitet und so versöhnlich wie die nach Dialog. Das verdankt sie ihrer Unverbindlichkeit. Wer, außer Geheimlogen und -diensten, sollte sich der Forderung nach Dialog verschließen? Wörter, die niemandem schaden, nützen auch niemandem, aber gerade deshalb genießen sie hohes Prestige.

Roger Willemsen

Diskursregeln:

1. Jeder Sprecher/jede Sprecherin, der/die ein Prädikat F auf einen Gegenstand A anwendet, muss bereit sein, F auf jeden anderen Gegenstand, der A in allen Hinsichten gleicht, anzuwenden.

2. Jedes sprach- und handlungs- fähige Subjekt darf an Diskursen teilnehmen.

3. Jede/r darf jede Behauptung problematisieren.

4. Jede/r darf jede Behauptung in den Diskurs einführen.

5. Jede/r darf seine Einstellungen, Wünsche und Bedürfnisse äußern.

6. Keine/e Sprecher/in darf durch innerhalb oder außerhalb des Diskurses herrschenden Zwang daran gehindert werden, seine in 2 bis 5 festgelegten Regeln wahrzunehmen.

„EURE REDE
ABER SEI:
JA, JA; NEIN, NEIN.
WAS DARÜBER IST,
DAS IST VOM ÜBEL."

MT 5.37

WER GLAUBT DENN HEUTE N

✈ Ankunft/Arrivals

Flug Flight	von/über from/over	Terminal Check-in	Info	Gate
EX2023/ DTN567	EGYPTSLAND	A	IM ANFLUG APPROACHING	
EX20456/DTN58910	BLDNS	A	GELANDET ARRIVED	1-2
EX207/DTN511	JHWH	A	GEPÄCKAUSGABE BAGGAGE CLAIM	2-3
EX20811/DTN51215	SBT	A/B	ANNULLIERT CANCELLED	3-4

Sprich: „Kommt herbei! Ich trage euch vor, was euer Herr euch wirklich geboten hat: Ihr sollt Ihm nichts beigesellen. Eure Eltern sollt ihr gut behandeln. Ihr sollt eure Kinder aus Furcht vor Verarmung nicht töten. Wir versorgen euch und sie; ihr sollt keine abscheulichen Sünden – weder öffentlich noch im Verborgenen – begehen; ihr sollt niemanden töten, denn das hat Gott verboten, es sei denn nach gerechtem Urteil. Das sind Gebote und Verbote Gottes, die Er euch vorschreibt. Ihr sollt darüber nachdenken, auf dass ihr vernünftig handeln möget. Ihr sollt mit dem Hab und Gut der Waise äußerst gewissenhaft umgehen, bis sie volljährig ist. Ihr sollt so korrekt und gerecht messen und wiegen wie menschenmöglich. Wir erlegen keinem Menschen etwas auf, was er nicht einhalten kann; wenn ihr etwas sagt, sei es ein Zeugnis oder ein Urteil, müsst ihr bei der Wahrheit bleiben, auch wenn es einen Verwandten betrifft; die Verträge, die ihr im Namen Gottes schließt, müsst ihr einhalten." Diese Gebote und Verbote schreibt Gott euch vor, und ihr sollt über ihren tiefen Sinn nachdenken. *Sure 6, 151-152*

H AN DIE SIEBEN GEBOTE?

Abflug/Departures ✈

Flug Flight	über/nach via/to	Terminal Check-in	Info	Gate
EX2012/DTN516	MAPA	B	PLANMÄSSIG SCHEDULED	4-5
EX2013/DTN517	DEATH	B	BOARDING	5-6
EX2014/DTN518	EHEBCH	B	ANNULLIERT CANCELLED	6-7
EX2015/DTN519	STHL	B	ABGEROLLT OFF BLOCK	7-8
EX2016/DTN520	FZEUG	B	ANNULLIERT CANCELLED	8-9
EX2017/DTN521	BEGHR	B	ABGEFLOGEN DEPARTED	10

Ich gelobe,
mich des Tötens zu enthalten.
Ich gelobe, mich des Stehlens zu enthalten.
Ich gelobe, mich des unrechten Wandels
in Sinnenlust zu enthalten.
Ich gelobe, mich des Lügens zu enthalten.
Ich gelobe, mich des Rausches zu enthalten.

Be prepared • Be positive • Be productive • Be polite

narchic Dynamite

Im Zweiten Buch Mose wird davon berichtet, dass Gott am Sinai Mose Zehn Gebote geoffenbart habe (Ex 20,2-17). Als Mose vor dem Einzug in das Gelobte Land vom Volk Abschied nimmt, wird der Dekalog, wie ein Zitat, an prominenter Stelle noch einmal wiederholt (Dtn 5,6-21). Jene Sinai-Offenbarung ist eine Urszene der Religionsgeschichten des Monotheismus, eine Konstellation von unausschöpflicher Bedeutungsfülle. Kein Jude und kein Christ, dem nicht [...] zum biblischen Gesetz gleich die Zehn Gebote einfielen. Moses Vermächtnis wird zudem in islamischen Kulturen tradiert. Im Koran erscheint Mose als der bedeutsamste vorislamische Prophet, und der Name Musa begegnet an nicht weniger als 136 Stellen. Dies spiegelt den starken Einfluss der jüdischen Haggada auf Mohammed und den frühen Islam, vor allem auf den vom Gottesboten Mose verkündeten strengen Monotheismus. Kein Muslim, der in Mose nicht einen Ahnherrn des Propheten erblickte.

Höhere Autorität als der Dekalog kann ein Heiliger Text nicht gewinnen. In seiner Theophanie auf dem Berg Sinai habe Jahwe die „Zehn Gebote" eigenhändig auf zwei Tafeln geschrieben, kann man in Dtn 4,13 lesen, auf die sogenannten Gesetzestafeln, die Mose in seinem Zorn über das vor dem „Goldenen Kalb" tanzende Volk später zerschlug und die in zweiter Ausfertigung dann in der „Bundeslade" im Jerusalemer Tempel verwahrt wurden. In Ex 34,28 dient Mose dem diktierenden Gott als Sekretär. In beiden Überlieferungssträngen werden die Zehn Gebote als Israel unbedingt bindendes Gotteswort eingeführt. Am Sinai schloss der transzendente Jahwe mit seinem Volk einen Bund, dessen Bedingungen buchstäblich die Moralgesetze sind. Dieser Bundesschluss am Sinai bedeutete, religionshistorisch gesehen, eine völlig neue Vorstellung von der Beziehung zwischen Gott und Mensch, geprägt durch radikale Transzendenz Gottes, unbedingten Anspruch auf exklusive Verehrung durch sein Volk und eine moralische wie rechtliche Ordnung, in der die Lebens-

führung des Frommen in allen ihren Dimensionen als Entsprechung zu Gottes Gebot oder Weisung gedacht wurde. Der Jahwe-Gott duldet keinerlei Stellvertreter, und Mose und auch die Propheten sind nichts als Boten, Sprachrohre Gottes, der von oben herab die Alleingeltung seines Bundesgesetzes einklagt.

In der harten Radikalität seines Alleinverehrungsgebotes und dem Verbot, irgendwelche Gottesbilder oder innerweltlichen Instanzen zu sakralisieren, steckt hochexplosives „anarchic dynamite". Denn der Gesetzgebergott, der sich allein im Bundesgesetz seines Volkes verkörpert, setzt Unterscheidungsenergien frei: Indem Transzendenz und Immanenz, Gottes Jenseits und irdisches Diesseits allein über den exklusiv bindenden Gotteswillen vermittelt sind, kann alles weltlich Immanente, politische Herrschaft ebenso wie religiöse Autorität, immer neu [...] relativiert werden. Gottes radikale Transzendenz erzeugt ein Unruhepotential, das sich in keiner theologischen Denkfigur sistieren lässt.

Im ersten Gebot, nach der dominierenden christlichen Zählung, gebietet Jahwe, keine „anderen Götter neben mir" zu haben. Martin Luther gilt es als das „Häupt und Quellborn, so durch die anderen alle gehet, und wiederümb alle sich zurückziehen und hangen in diesem". Dieses Glaubensgrundgebot, Gottes exklusives Gottsein anzuerkennen, wehre dem Götzendienst, der sündhaften Selbstvergottung des Menschen. Selbstvergottung, sich absolut zu setzen, die eigenen, subjektiven Bilder des Lebens allgemein verbindlich machen zu wollen, bedeute Zwang und elementare Unfreiheit, Selbstfixierung und Egoismus. Der heilsame Unterschied zwischen Gott und Mensch gewinne im Verbot, Gott nicht in fixen Bildern und Begriffen zu vergegenständlichen, den konstruktiv freiheitlichen Sinn, jeden einzelnen Menschen, als vornehmstes Geschöpf und Ebenbild Gottes, in seiner Individualität anzuerkennen.

Friedrich Wilhelm Graf

Class Rules: Be prompt · Be prepared · Be positive · Be productive

Jesus aber antwortete ihm: »Du sollst den Herrn, deinen Gott, lieben von ganzem Herzen, von ganzer Seele und von ganzem Gemüt.« Dies ist das höchste und größte Gebot. Das andere aber ist dem gleich: »Du sollst deinen Nächsten lieben wie dich selbst.« In diesen beiden Geboten hängt das ganze Gesetz und die Propheten. Matthäus 22,37–40

· Be prepared · Be positive · Be productive · Be polite ·

Frag-doch Infos · www.frag-doch.de

http://www.frag-doch.de/

Apple Google Maps YouTube Wikipedia News (1165)▾ Design/Typografie▾ Buchgestaltung▾ Illustration▾ Druckvorstufe▾ Mittelalter▾ Comics▾ Musik▾ Bibliotheke...hhandlungen▾ Bildarchive▾ YouTube-Links▾ Interessante Blogs▾

Frag-doch.de · Fragen stellen · Antworten bekommen

Lara
User
Beiträge:20

Verfasst am: 20 März 2013 14:56   Titel: Präsentation Bergpredigt

Hallo Leute, ich habe mir in der Schule eine Präsentation zum Thema Bergpredigt aufschwätzen lassen. Ich bin nach der Konfirmation aus dem Religionsunterricht ausgetreten, weil ich von Religion die Nase voll hatte. 😠 Jetzt machen wir in Ethik das Thema „Christentum". Und mich hat's mit der Bergpredigt erwischt. Das sei der zentrale Beitrag des Christentums zum Thema Ethik, ein Stück Weltliteratur, jeder halbwegs gebildete Mitteleuropäer (Haha!) müsse es kennen ... Hier spiele die Musik, die 10 Gebote seien eigentlich gar nichts besonders Christliches. *hä?* Bei Google findet man unter dem Eintrag „Bergpredigt" 400 000 websites. Unter „sermon on the mount" knapp 2 Millionen. Sauber. So viel Zeit habe ich nicht. Wer kann mir helfen? *heul*
Lara

P.S.: Ach ja, und um eine gute Note zu bekommen, müssen wir unsere Referate jetzt auch noch „visualisieren". Da fällt mir echt nichts dazu ein!

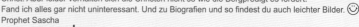 SMS

Prophet Sascha
Admin
Beiträge:356

Verfasst am: 21 März 2013 15:06   Titel: Präsentation Bergpredigt

Hallo Lara, da hast du dir ja was eingebrockt. 😠 An deiner Stelle würde ich das ein bisschen eingrenzen: Die Bedeutung der Bergpredigt bei Franz von Assisi, bei Tolstoj, bei den Amish, bei den Waldensern, bei den Quäkern oder bei Gandhi. Der soll, obwohl er Hindu war, singngemäß gesagt haben: „Wenn das Christentum nur aus Bergpredigt bestehen würde, wäre ich auch Christ. Aber leider verhalten sich die Christen nicht so wie die Bergpredigt es fordert!"
Fand ich alles gar nicht uninteressant. Und zu Biografien und so findest du auch leichter Bilder. 😊
Prophet Sascha

 SMS

Verfasst am: 21 März 2013 17:16   Titel: Präsentation Bergpredigt

Danke für den Tipp, Prophet Sascha, aber mein Lehrer steht auf Textarbeit. Mit der Bibel und so. ^^ Also keine Biografien. Das sei was für die Mittelstufe. 😠
Lara

 SMS

Schweinchen Schlau
User
Beiträge:158

Verfasst am: 22 März 2013 16:50   Titel: Präsentation Bergpredigt

Hi Lara, stand im Religionsunterricht schon vor ähnlichen Problemen. 😊 An deiner Stelle würde ich gar nicht so viel „recherchieren", sondern mir einfach meine eigenen Gedanken zum Text machen (kommt bei uns in der Schule zur Zeit immer gut an!). Du findest die Bergpredigt im Matthäusevangelium, Kapitel 5-7. Weißt du wahrscheinlich schon. 😊
Habe auch schon mal für ein Referat zur Bergpredigt Bilder gesucht und habe bei google-Bilder eigentlich nur Kitsch und Schrott gefunden. Ganz anders als bei anderen Themen aus dem Leben Jesu. Zur Kreuzigung oder zu Wunderheilungen findest du jede Menge. Ein Gemälde, das halbwegs was her macht, habe ich immerhin gefunden, von einem Fra Angelico aus dem 15. Jahrhundert, keine Ahnung wer das is. Ich füge es an. Leider passt es aber gar nicht zum Text. Vergleich mal nur mit dem ersten Vers! Ansonsten bin ich mit dem „Visualisieren" immer ganz gut mit Folien oder auch powerpoint-Schnickschnack gefahren. Wahrscheinlich freut sich dein Lehrer, wenn du ihm in einem Schaubild den Aufbau der Bergpredigt erläuterst.
Was machst du so, wenn du dich nicht mit der Bergpredigt beschäftigst??? 😊
Gruß, Schweinchen Schlau

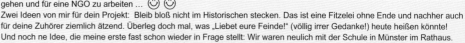 SMS

Sandra
User
Beiträge:64

Verfasst am: 20 März 2013 14:56   Titel: Präsentation Bergpredigt

Hey Lara, wir machen an unserer Schule gerade einen Seminarkurs zum Thema FRIEDEN. Ich finde das Thema unglaublich interessant, gerade weil es eigentlich überall auf der Welt ziemlich unfriedlich aussieht. Habe Lust, nach dem Abi ins Ausland zu gehen und für eine NGO zu arbeiten ... 😊 😊
Zwei Ideen von mir für dein Projekt: Bleib bloß nicht im Historischen stecken. Das ist eine Fitzelei ohne Ende und nachher auch für deine Zuhörer ziemlich ätzend. Überleg doch mal, was „Liebet eure Feinde!" (völlig irrer Gedanke!) heute heißen könnte! Und noch ne Idee, die meine erste fast schon wieder in Frage stellt: Wir waren neulich mit der Schule in Münster im Rathaus. Dort zeigen sie einem einen sog. Friedenssaal, in dem nach jahrzehntelangem Gemetzel 1648 der Dreißigjährige Krieg beendet wurde. Da is ne Darstellung von zwei Männern, die solange miteinander gekämpft haben, bis beide keinen Kopf mehr hatten.^^ Typisch Männer? Jedenfalls ein irres Motiv. Ich habe es incl. Rathausfotos auf dem Rechner und schicke dir die Dateien
Ciao & peace, Sandra

 SMS

Leistet dem Böse

5 Als Jesus die Volksmenge sah, all die Scharen von Menschen, stieg er auf einen Berg, setzte sich nieder, und seine Jünger umringten ihn. Dann begann er zu sprechen und verkündete ihnen die Lehre.

»Wohl denen, die arm sind vor Gott und es wissen.
Ihnen gehört das Reich der Himmel.
Wohl denen, die Leiden erfahren.
Trost ist ihnen gewiss.
Wohl denen,
die gewaltlos sind und Freundlichkeit üben.
Erben werden Sie das Land.
Wohl denen,
die hungrig und durstig nach Gerechtigkeit sind.
Ihr Hunger und Durst wird gestillt.
Wohl denen, die barmherzig sind.
Sie werden Barmherzigkeit finden.
Wohl denen, die aufrichtig sind in ihrem Herzen.
Sie werden Gott sehen.
Wohl denen, die Frieden bringen.
Gottes Kinder werden sie heißen.
Wohl denen, die verfolgt werden,
weil sie die Gerechtigkeit lieben.
Ihnen gehört das Reich der Himmel.

Wohl euch, wenn man euch, um meinetwillen, schmäht, verfolgt und mit Lügen verleumdet. Freut euch und seid glücklich darüber; denn groß wird euer Lohn im Himmel sein. Bedenkt: Genauso hat man, vor euch, schon die Propheten verfolgt!

Ihr seid das Salz der Erde: Wenn es fade wird – wie könnte man salzen? Fades Salz taugt nichts, es wird weggeworfen und von den Menschen zertreten.

Ihr seid das Licht der Welt: Die Stadt, hoch auf dem Berg, bleibt nicht verborgen. Man zündet keine Kerze an, um sie in einem Krug zu verstecken – man stellt sie auf einen Leuchter: Dann strahlt sie allen im Haus. So soll auch euer Licht den Menschen leuchten, damit sie eure guten Taten sehen und euren Vater, der in den Himmeln ist, rühmen.
Glaubt nicht, ich sei gekommen, um das Gesetz aufzuheben und von den Büchern der Propheten zu sagen: ›Ihr geltet nicht mehr!‹ Nicht um zu zerstören, sondern um zu erfüllen, bin ich gekommen. Ich sage euch, und das ist wahr: Ehe nicht der Himmel und die Erde vergehen und, was geschehen muss, geschehen ist, wird kein Buchstabe getilgt und kein Strich vom Gesetz. Wer nur ein einziges Gesetz zerbricht, und sei es das kleinste, und dies die Menschen lehrt, der wird der Kleinste sein, im Reich der Himmel. Wer aber die Gesetze befolgt und lehrt, sie zu halten, der wird groß sein, im Reich der Himmel. Ich sage euch: Wenn eure Gerechtigkeit nicht weit hinausgeht über die Gerechtigkeit der Schriftausleger und Pharisäer, dann werdet ihr nicht in das Reich der Himmel gelangen.

Ihr habt gehört, dass zu den Alten gesagt worden ist: *Töten wirst du nicht! Wer tötet, verfällt dem Gericht.* Ich sage aber euch: Es genügt, seinem Bruder zu zürnen, um dem Gericht zu verfallen. Wer zu ihm sagt: ›Du bist ein Narr‹, verfällt dem Spruch des Hohen Rats, und wer sagt: ›Du Tor! Du gottloser Mensch!‹, der wird der Hölle und dem Feuer verfallen. Wenn du

also deine Gaben zum Altar bringst und dort fällt dir ein, dass dein Bruder etwas gegen dich hat, dann lass deine Gaben liegen, vor dem Altar, geh zu deinem Bruder und versöhne dich mit ihm. Dann komm zurück und bring dein Opfer dar. Nicht erst vor Gericht, schon auf dem Weg dahin sollst du dich mit deinem Gegner vertragen: schnell, bevor er dich dem Richter übergibt, der Richter dich zum Wächter bringt und man dich ins Gefängnis sperrt – dort, das sage ich dir, denn es ist wahr, kommst du nicht eher heraus, bis du den letzten Pfennig bezahlt hast.
Ihr habt gehört, dass gesagt worden ist: *Du wirst die Ehe nicht brechen!* Ich aber sage euch: Jeder, der eine Frau nur anschaut und nach ihr verlangt, hat in Gedanken schon Ehebruch mit ihr begangen.
Wenn dich dein rechtes Auge reizt: *Sündige nur,* dann fort mit ihm! Reiß es aus! Es ist besser, ein einzelnes Glied geht verloren, als dass der ganze Körper in die Hölle fährt! Und wenn dich deine rechte Hand reizt: *Sündige nur,* dann fort mit ihr! Reiß sie ab! Es ist besser, ein einzelnes Glied geht zugrunde, als dass der ganze Körper in die Hölle fährt!
Gesagt worden ist auch: *Wer seine Frau fortschickt, muss ihr einen Scheidungsbrief geben.* Ich aber sage euch: Wer eine treue Frau fortschickt, hat die Ehe mit ihr gebrochen, und wer eine geschiedene Frau heiratet, bricht gleichfalls die Ehe.

Weiter habt ihr gehört, dass zu den Alten gesagt worden ist: *Einen Meineid wirst du nicht schwören, sondern halten, was du Gott versprochen hast!* Ich aber befehle euch, überhaupt nicht zu schwören: nicht beim Himmel, denn er ist Gottes Thron, nicht bei der Erde, denn sie ist sein Schemel, und nicht bei Jerusalem, denn sie ist die Stadt, in der der große König wohnt. Und auch bei deinem Haupt sollst du nicht schwören, denn du hast keine Macht, auch nur einem einzigen Haar zu befehlen: ›Sei du weiß! Sei du schwarz!‹

Ja soll Ja sein.
Nein sei Nein.
Jedes Wort mehr
wird vom Bösen gesprochen.

Ihr habt gehört, dass gesagt worden ist: *Auge für Auge, Zahn für Zahn.* Doch ich befehle euch: Leistet dem Bösen keinen Widerstand! Wenn dich einer auf die rechte Wange schlägt, dann halte ihm auch die andere hin; wenn dich einer vor Gericht bringen will, um dir dein Hemd zu nehmen, dann lass ihm auch deinen Mantel; und wenn dich einer zwingen will, eine Meile mit ihm zu gehen, dann geh zwei Meilen mit ihm!

Wer dich bittet,
dem gib.
Wer von dir borgen möchte,
den weise nicht ab.

Ihr habt gehört, dass gesagt worden ist: *Lieben wirst du deinen Freund! Hassen wirst du deinen Feind!* Ich aber sage euch: Liebt eure Feinde und betet für alle, die euch verfolgen: So werdet ihr Kinder eures Vaters im Himmel. Denn er lässt die Sonne aufgehen über den Bösen und über den Guten und lässt den Regen fallen auf die Ungerechten und die Gerechten. Was für einen Lohn erwartet ihr, wenn ihr nur jene Menschen liebt, die euch lieben? Das tun auch die Steuereintreiber! Und was ist Besonderes dabei, wenn ihr zu eurem Bruder freundlich seid? Das sind auch die Heiden! Ihr aber sollt vollkommen sein: wie euer himmlischer Vater.

6 Hütet euch, eure guten Taten sehen zu lassen! Stellt eure Frömmigkeit nicht zur Schau! Ihr könnt sonst keinen Lohn erwarten von eurem Vater im Himmel.
Wenn ihr gebt, tut's in der Stille und lasst nicht Fanfaren verkünden: Seht ihn an, den Gerechten! Das tun die Heuchler im Bethaus und auf den Straßen – die Schauspieler! –, damit die Leute sie loben. Ich sage euch, und das ist wahr: Ihr Lohn ist ausgezahlt. Wenn *ihr* gebt, dann soll eure linke Hand nicht wissen, was die rechte tut. Im Dunkel sei eure Gabe verborgen: dort sieht sie der himmlische Vater und wird's euch vergelten.
Wenn ihr betet, sollt ihr es nicht wie die Heuchler machen, die im Bethaus oder an den Straßenecken stehen – diese Gaukler! –, damit man sie sieht. Ich sage euch, und das ist wahr: Ihr Lohn ist ausgezahlt. Wenn *ihr* betet, dann geht in eure kleinste Kammer, verschließt die Tür und betet zu eurem Vater, der, im Dunkel verborgen, das Verborgene sieht. Der wird's euch vergelten.

Mt 11,15

einen Widerstand!

Wenn ihr betet, sollt ihr nicht plappern und wie die Heiden gedankenlos reden, die meinen: Wer viele Worte spricht, wird erhört. Macht es nicht wie sie; euer Vater weiß, was ihr braucht, noch bevor ihr ihn bittet. Ihr sollt beten:

Unser Vater in den Himmeln,
Dein Reich soll kommen.
Dein Name sei heilig.
Auf der Erde geschehe dein Wille.
so wie er im Himmel geschieht.
Gib uns täglich das Brot,
das wir brauchen vom Morgen zum Abend.
Erlasse uns unsere Schulden:
auch wir haben sie unseren Schuldnern erlassen.
Führe uns nicht in Versuchung,
sondern rette uns von dem Bösen.

Denn wenn ihr den Menschen ihre Fehler vergebt, dann wird euch auch euer himmlischer Vater vergeben. Doch wenn ihr ihnen nicht vergebt, dann wird euer himmlischer Vater euch eure Schuld auch nicht vergeben.
Wenn ihr fastet, macht kein düsteres Gesicht, wie es die Heuchler tun – diese scheinheiligen Frömmler! –, die Trübseligkeit spielen, damit jedermann sieht: Hier fastet ein Mensch. Ich sage euch: Ihr Lohn ist ausgezahlt. Wenn *ihr* fastet, dann salbt euer Haar und reinigt euer Gesicht, damit die Leute nicht sehen, dass ihr fastet: nur euer Vater soll es sehen, der, im Dunkel verborgen, das Verborgene sieht. Der wird´s euch vergelten.

Rafft keine Reichtümer auf der Erde zusammen; Motten und Würmer werden sie fressen, und die Einbrecher werden sie stehlen. Sammelt Schätze im Himmel: *die* werden weder Motten und Würmer zerfressen noch die Einbrecher stehlen! Bedenkt: Wo euer Schatz ist, da ist auch euer Herz.

Das Auge: die Lampe des Körpers. Wenn es klar ist, wird dein Körper erfüllt sein von Licht. Wenn es trüb ist, wird dein Körper voll Finsternis sein. Welch eine Dunkelheit, wenn das Licht schwarz ist; welch eine Finsternis, wenn die Lampe erlischt!

Kein Knecht kann zwei Herren zugleich dienen: Entweder wird er den einen hassen und den anderen lieben, oder er hält zu dem einen und verachtet den andern. Ihr könnt Gott dienen oder dem Geld. Nicht beiden zugleich.

Darum sage ich euch: Macht euch keine Sorgen um euer Leben und eure Speise, euren Leib und eure Kleidung! Ist nicht das Leben mehr als Nahrung, der Leib mehr als Kleidung? Seht doch die Vögel an, unter dem Himmel. Sie säen nicht, ernten nicht, sammeln nichts in Scheunen, und dennoch ernährt sie euer himmlischer Vater. Und ihr? Seid ihr nicht viel mehr wert als sie? Und könnt ihr mit euren Sorgen euer Leben auch nur um *eine* Stunde verlängern? Seht die Lilien an, auf dem Feld, und schaut zu, wie sie wachsen. Sie mühen sich nicht ab, sie spinnen kein Kleid, aber ich sage euch: Nicht einmal Salomon, in all seinem Glanz, sah so schön wie eine einzige Lilie aus. Wenn aber Gott selbst die Gräser – das Unkraut, das heute blüht und morgen verbrannt wird! – so prächtig kleidet: um wie viel mehr dann euch! Wie klein ist doch euer Vertrauen.
Seid also unbesorgt und fragt nicht unentwegt wie die Heiden: Was sollen wir essen? Was sollen wir trinken? Was sollen wir anziehen? Euer himmlischer Vater weiß ja, dass ihr dies alles braucht.

Darum schaut zuerst auf sein Reich, sucht seine Gerechtigkeit: dann wird er euch Essen und Trinken und Kleidung als Zugabe geben. Denkt nicht an morgen, morgen sorgt für sich selbst, jeder Tag hat genug mit der eigenen Last.

Verurteilt nicht, damit man euch nicht verurteilt. Wie ihr Recht sprecht, wird der Richtspruch sein über euch. Messen wird man euch mit eurem Maß. Warum starrst du auf den Splitter im Auge deines Bruders und bemerkst nicht den Balken in deinem eigenen Auge? Warum sagst du zu ihm: Lass mich den Splitter aus deinem Auge entfernen – und ein Balken steckt in deinem eigenen Auge? Du Heuchler! Du Schauspieler! Zieh zuerst den Balken aus deinem Auge – und dann sieh zu, ob du den Splitter aus dem Auge deines Bruders herausziehen kannst.

Gebt nicht den Hunden zum Fraß, was geweiht ist! Werft Edelsteine nicht den Schweinen vor: sie könnten die Perlen zertreten, sich umwenden und euch in Stücke zerreißen!
Bittet: dann wird euch gegeben. Sucht: dann werdet ihr finden. Klopft an: dann öffnet sich die Tür. Beschenkt wird jeder, der bittet. Wer sucht, der findet. Wer anklopft, dem geht die Tür auf.
Oder ist ein Mensch unter euch, der seinem Sohn, wenn er um Brot bittet, einen Stein geben würde? Ein Schlange, wenn der Sohn ihn bittet: Gib mir Fisch?
Wenn aber ihr in eurem Elend wisst, was gut für eure Kinder ist, und ihnen gebt, was sie brauchen: Wie viel mehr wird dann euer himmlischer Vater denen Gutes tun, die ihn bitten.
Seid also, in allem, zu den Menschen wie die Menschen zu euch sein sollen, nach eurem Willen. Darin besteht das Gesetz. Dies meint das Gebot der Propheten.

Geht durch das enge Tor hinein! Das Tor, das zum Verderben führt, ist weit, und breit der Weg: Viele ziehen hindurch. Aber das Tor, das zum Leben führt, ist eng, und schmal der Weg: Wenige finden ihn.

Nehmt euch vor den falschen Propheten in acht: sie kommen im Schafspelz, und sind Räuber und Wölfe. An ihren Früchten werdet ihr sie erkennen, dem Ertrag ihrer Taten. Kann man Trauben von der Dornhecke ernten? Feigen unter Disteln auflesen? Guter Baum: gute Frucht, schlechter Baum: schlechte Frucht; der gute Baum kann keine schlechte, der schlechte keine gute Frucht bringen; jeder Baum aber, der keine gute Frucht bringt, wird gefällt und ins Feuer geworfen.
An ihren Früchten, habe ich gesagt, werdet ihr sie erkennen.

Nicht wer Herr! Herr! zu mir sagt, sondern wer den Willen meines himmlischen Vaters erfüllt, wird in das Reich, das in den Himmeln ist, kommen. Viele werden an jenem Tag zu mir sagen: Herr! Herr! Haben wir nicht in deinem Namen gesprochen? Wir, die Propheten? Haben wir nicht in deinem Namen die bösen Geister vertrieben? In deinem Namen Wunder vollbracht? Dann werde ich zu ihnen sagen: ›Geht weg, ihr Gesetzesbrecher, ich habe euch niemals gekannt!‹

Dieses sind meine Worte: Klug ist, wer sie hört und befolgt. Er gleicht einem verständigen Mann, der sein Haus auf Felsen gebaut hat. Regen stürzt herab, es kommen reißende Flüsse, die Winde stürmen heran und prallen gegen das Haus. Aber es bricht nicht zusammen, denn es ist auf Felsen gebaut.
Wer aber meine Worte hört und nicht befolgt, der gleicht einem närrischen Mann, der sein Haus auf Sand gebaut hat. Regen stürzt herab, es kommen reißende Flüsse, die Winde stürmen heran und prallen gegen das Haus. Da stürzt es ein und bricht in Trümmern zusammen.«
Verwunderung ergriff die Menge, als Jesus die Rede beendet hatte, und die Menschen waren betroffen. Denn er lehrte nicht wie die Schriftausleger, sondern wie einer, der die Große Macht besitzt.

Matthäusevangelium, Kapitel 5–7 in der Übersetzung von Walter Jens

Mt 11,15

Die **Ethik der Berg-
predigt**, jede Ethik bekommt
es am Ende nicht mit einem obersten **Gebot**,
einer Summe aller 𝔐𝔬𝔯𝔞𝔩, sondern mit der WAHRHEIT zu tun. In unserer verbürgerlichten Moral (und auch: in unserem verbürgerlichten Christentum), erst recht im fadenscheinigen
Sittenkodex der Bourgeoisie sieht es umgekehrt so aus, als sei eine irgendwie geartete Ethik
(ein Ethos des Anstands oder der Zweckmäßigkeit) geradezu das geeignete Vehikel, die exis-
tentielle Wahrheitsfrage, die Frage nach der Wahrheit der eigenen Existenz – gewissermaßen:
anständig – zu umgehen. Die Frage nach der *Letztbegründung* ist lästig – auch vielen unter
denen, die einen Text wie die Bergpredigt als ethisch radikales Dokument in Ehren halten. Aber
was wäre eine Radikalität wert, die Fragen (zumindest: Fragen!) der Letztbegründung als zu radi-
kal scheut? In den konfessionellen Debatten, die in den vergangenen Jahren zwischen Katholiken
und Protestanten (Stichwort: Rechtfertigungslehre) stattfand, haben viele Beobachter ungedul-
dig abgewunken: 𝔗𝔥𝔢𝔬𝔩𝔬𝔤𝔢𝔫𝔤𝔢𝔷𝔞𝔫𝔨, das man von den frommen Christen so weit wie
möglich fernhalten sollte – so der Politiker Helmut Schmidt. Fusioniert einfach! Aber
weshalb kämen wir nie auf den Gedanken, den Philosophen zuzurufen: Ach, Kant,
Hegel, Heidegger, Habermas, Spaemann – werft doch alle eure Sachen auf einen
Haufen; fusioniert eure **Theorien** zu einer schönen, schlichten Philosophie, die
das Leben leicht macht. Oder redeten wir so zu Physikern, zu Ökonomen? Überall gilt der finale Disput um die sachliche Wahrheit als erkenntnisfördernd. Warum
sollten wir ausgerechnet dort, wo wir das Ganze unserer **Existenz** interpretieren, halbe
Sachen machen? Lästig am genauen Fragen kann – vom selbstgefälligen, unverständli-
chen Geschwätz abgesehen, das es, wie überall, auch hierin gibt – im Ernst nicht sein
Schwierigkeitsgrad sein, sondern nur die Frage selber. Und in dieser Frage geht es
letztlich um die Unterscheidung zwischen der uns zukommenden Hoffnung und der
von uns ausgehenden Illusion. Eben dies macht den Unterschied zwischen der
christlichen *Utopie* und gewöhnlichen Utopien aus: dass sie sich nicht auf sich
selber verlässt. [...] Das nämlich ist der *Kern der Bergpredigt* – und schließlich
aller christlichen Theologie, sei sie nun paulinisch oder matthäisch, protes-
tantisch oder katholisch geprägt: Es geht in jedem Fall darum, den Zusammenhang zwischen Lehre und Tun, zwischen Dogma und PRAXIS so
darzustellen, dass eines mit dem anderen übereinstimmt; keines gibt
es ohne das andere. Aller noch so scharfe Kontrast zwischen den
Theologien und Konfessionen konvergiert letztlich in der Aufgabe, diesen Zusammenhang zwischen Wahrheit und
Ethos zu sichern. Was aber wäre in diesem letzten
Sinne unter Wahrheit zu verstehen? Offenkun-
dig nicht bloß die korrekte Wiedergabe
einer gewussten Information auf
Abruf ...   *Robert Leicht*

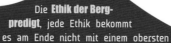

ASTIGE   FRAGE

Mt 11,15

Weder Denken noch Handeln,

sondern Anschauung und Gefühl.

Es wird Zeit, die Dinge
einmal beim andern
Ende zu ergreifen ...

Wollen hab

Auf dem Bahnsteig der Berliner U-Bahn verkauft ein junger Mann Fahrscheine, die schon gebraucht, aber noch gültig sind. Er lässt sich diese Fahrscheine von Fahrgästen schenken, die für eine bestimmte Zeit, mit bestimmter Reichweite und mit bestimmter Umsteigequote unterwegs sein können, dies aber nicht ausnutzen. Gegen die Zahlung von einem Euro verkauft er Fahrscheine, die ursprünglich 2,20 Euro gekostet haben, für ihn aber kostenlos sind. Ähnliches kann man auch in anderen Städten bei U- und S-Bahnen beobachten.

Würden Sie Ihren Fahrschein dem jungen Mann abgeben, statt ihn wegzuwerfen? Würden Sie 1,20 Euro durch den Kauf bei dem jungen Mann einsparen?

Vermutlich wissen viele Passagiere rechtlich nicht Bescheid. Wenn sie sich erkundigen, werden sie erfahren, dass ein solcher Fahrschein nicht übertragbar ist. Wer also damit handelt, so oder so, macht sich strafbar. Nun kann man auf verschiedene Weise darüber nachdenken und eine begründete Position suchen:

A sagt vielleicht, dass er grundsätzlich nichts Rechtswidriges tue und deshalb den Fahrschein nicht kaufe, den Vorteil für sich nicht in Anspruch nehme und dem jungen Mann den Verdienst nicht geben könne. Damit ist die Sache für ihn erledigt. Gesetze muss man einhalten. Man könnte noch fragen, ob sein Motiv Angst vor äußeren Sanktionen oder innere moralische Überzeugung ist.

B sagt vielleicht, das sei doch eine Bagatelle. Es sei, wie wenn die Ampel an einer unbefahrenen Kreuzung auf „Hellrot" stehe – da gehe man doch hinüber. Gesetze müsse man zwar generell einhalten, aber eine Schwalbe mache noch keinen Sommer und eine Abweichung noch keinen Bruch mit Gesetz und Ordnung.

C meint vielleicht, alles hänge von den Umständen ab und davon, z.B., ob einem der junge Mann sympathisch sei oder Mitleid erwecke. Schließlich handle man spon

tan, aus dem Gefühl heraus, und man müsse nicht alles moralisch berechnen.

Darüber kann man eine Diskussion anfangen. Doch würden B und C sicher zugestehen, wenn man halt erwischt werde, dann müsse man das in Kauf nehmen. Nicht alles, was gegen die Ordnung sei, sei jedoch gegen die persönliche Moral.

In der Tat, hier muss man eine Bandbreite von Einstellungen zugestehen, solange sich an der Option, Gesetze einzuhalten, nichts ändert. Der Weg in diese Richtung ist jedoch möglicherweise mit vielen kleinen Entscheidungen gepflastert, die für sich genommen noch moralisch tolerabel erscheinen, deren Häufung jedoch eine positive Einstellung zum Gesetz unglaubwürdig macht. Einzelfallbezogen, situationsbezogen und „aus dem Bauch heraus" zu urteilen und zu entscheiden, kann jedenfalls nicht genügen. Und doch ist es sinnvoll, den Einzelfall nicht einfach unter die Regel zu stellen. Das können wir auch in den Extremfällen unserer Grammatik nicht tun – die Ausnahmen bestätigen die Regel. Man darf jedoch, um es noch einmal warnend zu sagen, nicht aus der Ausnahme eine Regel machen. Eine ehrliche Selbstüberprüfung wird einem schnell zeigen, ob man nur gelegentlich mit einem guten Grund trinkt oder ob man bereits Alkoholiker ist.

Manche moralische Fragen sind in der Tat schwierig zu beantworten, wie z.B. die Frage der Wahrheit von Extremsituationen. Hier wird deutlich, dass wir Räume für konkrete Entscheidungen brauchen, die nicht total durch Regeln präjudiziert sind, die wir aber ohne Einsicht in diese Regeln nicht fällen können.

Ein anderes Beispiel aus dem Alltag kann dies deutlich machen: In einer Familie werden nacheinander alle grippekrank. Natürlich will man den Virus nicht ausbreiten. Aber wenn er einen nicht mit Gewalt ans Bett fesselt, wohin man möglicherweise aus vernünftigen

---

Normalerweise würde Müller an diesem Montagmorgen in seinem Büro sitzen, in der Verwaltung des Main-Taunus-Kreises. Er würde Akten bearbeiten und über die Vergabe von Mitteln im Amt für Jugend, Schulen und Sport entscheiden. Doch stattdessen blickt er nun auf eine Stellwand, auf die zwei Fragen mit grünem Edding auf Papier geschrieben sind: „Was führt mich hierher? Und was erhoffe ich von dem Seminar Gewalt – Sehen – Helfen?"

Es geht reihum. Zwei Männer, 14 Frauen zwischen Ende zwanzig und Anfang sechzig. [...] Sie sagen, sie fühlten sich zunehmend unwohl im öffentlichen Raum: auf der Straße, in S-Bahnen, manchmal auch auf Parkplätzen. Einige berichten von Prügelattacken unter Jugendlichen, andere von ihrer Furcht vor Übergriffen auf dem Weg zur Arbeit, in der Freizeit, sogar vor dem eigenen Haus. Eine Teilnehmerin sagt, sie sei schon einmal in der Bahn belästigt worden, als sie nur dasaß und Kreuzworträtsel löste. Sie sei dann aufgestanden und weggegangen, „mit einem ganz mulmigen Gefühl". Und Wolfgang Müller meint, er sei schlichtweg nachdenklich geworden nach dem Fall Brunner. [...] Die Kurse sind regelmäßig ausgebucht – und die Nachfrage ist immer dann besonders groß, wenn

---

Denn wovon lebt der Mensch? *Indem er stündlich den Menschen peinigt, auszieht, anfällt,*

h wohl ...

medizinischen Gründen gehört, bestehen die Aufgaben weiter, die man sich gestellt hat oder deren Erledigung andere von einem erwarten ... Man muss als Lehrerin in die Schule, als Wissenschaftlerin zu einem Vortrag, mit dem Flugzeug zu einer wichtigen Sitzung. Schon stellt sich die Frage: Darf ich das Risiko eingehen, u.U. mich selbst zu schädigen und dann noch andere anzustecken, im Raum, im Zug, im Flugzeug, oder muss ich es in Kauf nehmen, um eine Aufgabe zu erledigen, von der ich überzeugt bin, dass sie für andere Menschen wichtig ist? An diesem Beispiel sieht man deutlich, dass es darauf keine übergreifende Antwort gibt, sondern dass man die Kunst der Abwägung beherrschen muss.

Das Problem besteht aber darin, dass man das Ergebnis einer Abwägung im Nachhinein falsch finden kann, weil das eingetreten ist, was man vorher so nicht berechnet oder in seiner Wirkung eingeschätzt hat. Jedem Menschen sind solche Situationen bekannt. Sie erzeugen Ärger und schlechtes Gewissen.

Dietmar Mieth

es irgendwo in Deutschland wieder einen Übergriff im öffentlichen Raum gegeben hat. Die Kampagne geht von der Annahme aus, dass die meisten Menschen helfen würden, wenn sie wüssten, wie. Das mag auch im Fall Brunner so gewesen sein. Er war der Einzige in der vollbesetzten S-Bahn, der auf die sich anbahnende Gewalt zwischen den jugendlichen Tätern und einigen Kindern reagierte – doch hat ihn dies am Ende das Leben gekostet. *Katharina Iskandar*

und frisst. **Nur dadurch lebt der Mensch, dass er so gründlich vergessen kann, dass er ein**

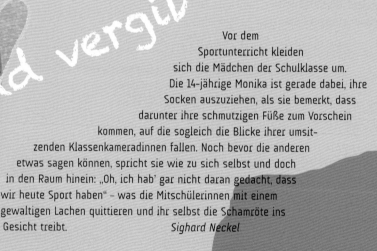

Wir können
Lachen durch Kitzeln
der Haut, Weinen oder Stirnrun-
zeln durch einen Schlag, Zittern durch
Furcht oder Schmerz verursachen usw.; wir
können aber ... ein Erröthen durch keine phy-
sikalischen Mittel, – d.h. durch keine Einwirkung
auf den Körper verursachen. Es ist der Geist, welcher
afficirt sein muss.
Es ist nicht das Bewusstsein, welches ein
Erröthen hervorruft; denn ein Mensch kann aufrichtig
irgend einen unbedeutenden in der Einsamkeit begangenen
Fehler bereuen, oder er kann die schärfsten Gewissensbisse
wegen eines nicht entdeckten Verbrechens fühlen, und doch
wird er nicht erröthen ... Es ist nicht das Gefühl der Schuld,
sondern der Gedanke, dass Andere uns für schuldig halten oder
wissen, dass wir schuld haben, was uns das Gesicht roth macht.
Ein Mensch kann sich durch und durch beschämt fühlen, dass
er eine kleine Unwahrheit gesagt hat, ohne zu erröthen, aber
wenn er auch nur vermuthet, dass er entdeckt ist, wird er
augenblicklich erröthen, besonders wenn er von irgend
Jemandem entdeckt wird, den er verehrt.
Charles Darwin

... und vergib uns unser

Vor dem
Sportunterricht kleiden
sich die Mädchen der Schulklasse um.
Die 14-jährige Monika ist gerade dabei, ihre
Socken auszuziehen, als sie bemerkt, dass
darunter ihre schmutzigen Füße zum Vorschein
kommen, auf die sogleich die Blicke ihrer umsit-
zenden Klassenkameradinnen fallen. Noch bevor die anderen
etwas sagen können, spricht sie wie zu sich selbst und doch
in den Raum hinein: „Oh, ich hab' gar nicht daran gedacht, dass
wir heute Sport haben" – was die Mitschülerinnen mit einem
gewaltigen Lachen quittieren und ihr selbst die Schamröte ins
Gesicht treibt.
Sighard Neckel

Vor Beginn
einer Veranstaltung im Schulungs-
zentrum eines großen Betriebes: die Teilnehmer
stehen herum, abwartend, ein wenig gespannt, ein wenig befangen – wie man eben vor
Beginn einer Veranstaltung herumsteht, von der man nicht genau weiß, was sie einem
bescheren wird. Ein junger Kollege, seit zwei Monaten selbstständig, geht auf
jeden Teilnehmer zu, gibt ihm die Hand und begrüßt ihn mit der überströ-
menden Herzlichkeit, die gemeinhin für die Begrüßung langvermisster Freunde
reserviert ist. Die Teilnehmer reagieren verdutzt, aber brav. Als Zuschauerin fand
ich diese Szene peinlich. Ich habe mich geschämt, weil in ihr ein Aspekt der
Beziehung zwischen Trainer und Teilnehmer deutlich wurde, der sonst in dieser
Situation eher unsichtbar bleibt.
Cornelia Edding

Mensch doch ist. 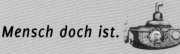 *Ihr Herren, bildet euch nur da nichts ein: Der Mensch lebt nur von Misset* chuld ...

(So)... stiehlt Prometheus die kunstreiche Weisheit des Hephaistos und der Athene, nebst dem Feuer ... und so schenkt er sie dem Menschen. Die zum Leben nötige Wissenschaft also erhielt der Mensch auf diese Weise, die bürgerliche aber hatte er nicht.

Da nun aber der Mensch göttlicher Vorzüge teilhaftig geworden, hat er auch zuerst, wegen seiner Verwandtschaft mit Gott, das einzige unter allen Tieren, Götter geglaubt, auch Altäre und Bildnisse der Götter aufzurichten versucht, dann bald darauf Töne und Worte mit Kunst zusammengeordnet, dann Wohnungen und Kleider und Beschuhungen und Lagerdecken und die Nahrungsmittel aus der Erde erfunden. So ausgerüstet wohnten die Menschen anfänglich zerstreut, Städte aber gab es nicht. Daher wurden sie von den wilden Tieren ausgerottet, weil sie in jeder Art schwächer waren als diese, und die verarbeitende Kunst war ihnen zwar zur Ernährung hinreichende Hilfe, aber zum Kriege gegen die Tiere unwirksam; denn die bürgerliche Kunst hatten sie noch nicht, von welcher die kriegerische ein Teil ist. Sie versuchten also, sich zu sammeln und sich zu erretten durch die Erbauung der Städte; wenn sie sich aber gesammelt hatten, so beleidigten sie einander, weil sie eben die bürgerliche Kunst nicht hatten, so dass sie, wiederum sich zerstreuend, auch bald wieder aufgerieben wurden. Zeus also, für unser Geschlecht, dass es nicht etwa gar untergehen möchte, besorgt, schickt den Hermes ab, um den Menschen Scham und Recht zu bringen, damit diese der Städte Ordnungen und Bande würden, der Zuneigung Vermittler. Hermes fragt nun den Zeus, auf welche Art er doch den Menschen das Recht und die Scham geben solle: Soll ich, so wie die Künste verteilt sind, auch diese verteilen? Jene nämlich sind so verteilt: Einer, welcher die Heilkunst innehat, ist genug für viele Unkundige, und so auch die anderen Künstler. Soll ich nun auch Recht und Scham ebenso unter den Menschen aufstellen, oder soll ich sie unter alle verteilen? Unter alle, sagte Zeus, und alle sollen daran Teil haben; denn es könnten keine Staaten bestehen, wenn auch hieran nur wenige Anteil hätten wie an anderen Künsten. Und gib auch ein Gesetz von meinetwegen, dass man den, der Scham und Recht sich anzueignen unfähig ist, töte wie einen bösen Schaden des Staates.

Platon

Achmad spricht nur gebrochen Deutsch. Doch ein Wort kennt er schon sehr gut: „Schämen". Der 44-jährige Mann aus Pakistan schämt sich jedesmal, wenn er eine Kneipe betritt. Er ist Rosenverkäufer. Wenn er mit seiner Plastiktüte voll roter Rosen durch die Göttinger Innenstadtkneipen zieht, kommt er sich wie ein Bettler vor ... Besonders unwohl fühlt sich Achmad, wenn die Gäste ihn wie Luft behandeln. Er würde sich wünschen, dass sie zumindest „nein" sagen oder den Kopf schütteln, wenn er schweigend seine Rosen anbietet."

Eckhard Stengel

Über das, „was sich gehört", muss sich ein Schriftstellermensch doch hinwegsetzen. Ich greife in meinen Büchern ein Thema auf, das ich sonst in der Literatur der letzten Jahre nicht entdeckt habe: die religionsfeindliche Gesellschaft. Ein Beispiel: ein Gespräch in einem Luxushotel. Ein Mann erzählt etwas, und im Lauf des Gesprächs fällt das Wort „Kirchenchorausflug". Daraufhin zuckt seine Frau zusammen und hat Angst, dass die Leute an den Nachbartischen dieses Wort hören. Wäre noch das Wort „Gott" gefallen, wäre sie wahrscheinlich zusammengebrochen. Auf der anderen Seite ist das Wort „ficken" inzwischen vollkommen gesellschaftsfähig. Oder: eine Feier in einem Stuttgarter Club. Die Gastgeberin verkündet: „Das Büffet ist eröffnet!" Mein Ich-Erzähler möchte rufen: „Wo bleibt das Tischgebet?" Er macht es nicht, weil das ein Skandal gewesen wäre. Hätte er gerufen: „Gabi, zieh dich aus!", hätten alle gelacht.

Arnold Stadler

Ihr, die auf unsrer Scham und eurer Lust besteht   *Das eine wisset ein für allemal:*

Hier stehe ich ...

Gewöhnlich denken wir so: Was uns die Richtung zeigt, was uns Orientierung gibt, was uns kritisch bei unserem Tun begleitet, ist das Gewissen. Auch wenn es am Himmel keine ewigen Werte gibt, die wie Sterne feststehen, wir haben noch immer unser eigenes Gewissen. Gut. Einverstanden. Aber ich frage mich, wer oder was denn eigentlich dieses Gewissen sei, nach welchen Maßstäben es seine Werte auswähle, in wessen Namen und Auftrag es seine Arbeit tue und was es am Ende bewirke.

Es ist ja kein Organ wie die Leber oder die Niere. Es ist auch kein Hirnbereich wie das Sehen oder das Rechnen. Es ist überhaupt nichts, was „im Menschen" ist, was er also „hat" oder „nicht hat". Wenn wir eine Gewissensentscheidung, die einer getroffen hat, genau prüfen, dann bemerken wir, dass dieses Gewissen ein Sammelsurium von gelernten, übernommenen oder einer Situation entgegengesetzten Bedürfnissen ist. Mein Gewissen ist meine Erbmasse, die mich disponiert. Es ist meine Erziehung, die mich geprägt hat. Es ist meine ganze Lebensgeschichte mit allen ihren Erfahrungen, mit ihren hilfreichen oder störenden Begegnungen. Es ist die Menge der traumatischen Erlebnisse, die mein bisheriger Weg mir gebracht hat. Es ist meine Neurose oder meine geistige Gesundheit. Es ist der Stil, der in meinem Elternhaus gelebt wurde, den ich übernommen oder gegen den ich mich entschieden habe. Es ist die

politische Überzeugung, die mir durch glaubwürdige Vertreter einer bestimmten Richtung beigebracht wurde. Es ist meine vorhandene oder nicht vorhandene Willens- und Durchsetzungskraft. Es ist meine Fähigkeit oder Unfähigkeit zu lernen, mein Nachdenken oder Verdrängen, mein Mitempfinden oder meine Stumpfheit, meine Freiheit und Selbstständigkeit oder mein Mitläufertum, die mir weitgehend in meinen Genen mitgegeben worden sind. Alles zusammen, was mich ausmacht, ist mein Gewissen. Ich entscheide mich, wenn ich mich von meinem Gewissen bestimmen lasse, mit allen meinen Kräften, mit meinem Verstand und meinem Herzen, mit Seele und Geist, und mit allen Faktoren, die auf mich eingewirkt haben. Mit allen meinen Schwächen auch. Mit allen meinen Ausreden und Vorlieben und Abneigungen. Das bedeutet: Das Gewissen sagt mir nicht, was objektiv gut und böse sei, sondern was dem von mir selbst festgestellten Sinn und Auftrag meines persönlichen Lebens gerecht wird und was nicht, was ich an mir richtig finde und gut, wie ich mich schützen und durchhalten kann gegen fremde Meinungen und Ansprüche. Es ist ein durchaus egozentrisches „Organ". Ich bin es selbst in meiner Gänze.

Das Gewissen kann also gerade nicht frei sein. Es ist ganz und gar an mich selbst gebunden. Es ist nicht autonom. Es bedarf selbst eines ihm vorgegebenen Maßes. Es muss wahrnehmen, was außer ihm gilt. Es muss sehen, was seinen eigenen Interessen nicht dient und das eigene Ich nicht bestätigt und was es vielleicht, gegen die eigenen ungereinigten Wünsche, zu tun gilt.

 Wie ihr es immer schiebt und wie ihr's immer dreht: Erst kommt das Fressen, dann kommt die

Man mag mir entgegenhalten, das Gewissen Martin Luthers sei doch ein Beweis dafür, dass ein Gewissen Weisung geben könne, Richtung, Entscheidungskraft und Durchhaltevermögen. Aber was hat denn die Wendung in Luthers Leben und Denken gebracht? Was hat ihn widerstandsfähig gemacht gegen die Mächte seiner Zeit? War es nicht ein Wort, das ihn, sozusagen von außen, traf, das er hörte, ernst nahm und dem er sich verpflichtete? Das „Gewissen" Luthers bestand darin, dass er eine Wahrheit ergriff, die er in einem Buch fand, und dass er für sie einstand. Sein „Gewissen" hatte ihn

zuvor nur in die Ausweglosigkeit, in die Verzweiflung getrieben. Was ihn frei machte, war ein Wort, das er hörte. Es sagte ihm, er werde gerecht sein, ohne es selbst zu bewirken, allein durch den Glauben. Was ihm seine Standfestigkeit gab, war eine Erkenntnis, die das Evangelium ihm eröffnete. Es war ganz und gar nicht er selbst, der hier das Geschehen steuerte.

Das freie Gewissen ist ein schöner Wunschtraum, der nur dadurch entsteht, dass ich mir verschweige, was es denn sei, das mich in Wahrheit steuert.   *Jörg Zink*

Denn wovon lebt der Mensch?   ***Indem er stündlich den Menschen peinigt, auszieht,***

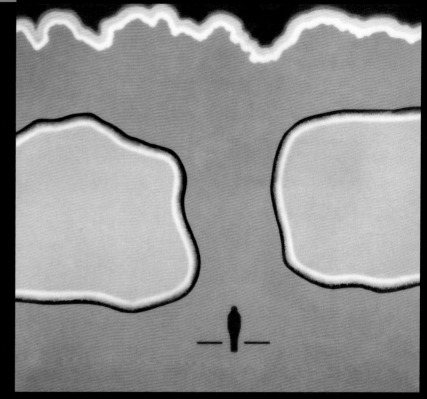

Heilsame Gewissenlosigkeit

Es gibt eine Art von Gewissenlosigkeit, die wirklich tröstlich ist und jeden an die weihnachtliche Zeit zu erinnern vermag, der Ohren hat zu hören. Jochen Kleppers Adventslied bringt es auf den Punkt: „Dem alle Engel dienen, wird nun ein Kind und Knecht. Gott selber ist erschienen zur Sühne für sein Recht. Wer schuldig ist auf Erden, verhüll' nicht mehr sein Haupt. Er soll errettet werden, wenn er dem Kinde glaubt." Die Taten und Untaten eines Menschen haben nun nicht mehr das Recht über das Sein der Person zu entscheiden. Denn Gott ist zwischen die verwerfliche Tat und die Person des Täters getreten. Und das anklagende Gewissen darf und soll zwar weiterhin die verwerfliche Tat verurteilen. Doch über die Person zu urteilen, steht dem Gewissen nicht zu. Über die Person urteilt der Sünden vergebende und Schuld tilgende Gott. „Als wollte er belohnen, so richtet er die Welt. Der sich den Erdkreis baute, der lässt den Sünder nicht. Wer hier dem Sohn vertraute, kommt dort aus dem Gericht!"

Das bagatellisiert die Bedeutung unseres Handelns nicht, wie gerne unterstellt wird. Ganz im Gegenteil: Für sein Tun bleibt der Mensch verantwortlich – mit dem ganzen Pathos der Endlichkeit. Er hat, was er tun will, gewissenhaft zu prüfen. Doch von der Verantwortung für seine Person ist er befreit – mit dem ganzen Pathos der Ewigkeit. Das Sein der Person wird von Gott verantwortet, for ever and ever. Während also der Mensch im Blick auf sein Tun gar nicht gewissenhaft genug sein kann, vermag er im Blick auf seine Person auf gewissenhafte Weise gewissenlos zu sein. Und das ist eine durch und durch heilsame Gewissenlosigkeit.   Eberhard Jüngel

anfällt, abwürgt und frisst.   Nur dadurch lebt der Mensch, dass er so gründlich vergessen kann…

Mobbing, Sex und Pünktlichkeit

Doppelter Alptraum

Erna S. erlebte ihren Alptraum gleich zweimal. Erst in Realzeit. Sie steht vor ihrer Klasse, und die Schüler bewerfen sie mit Kreide und Papierkugeln. Die Geschichtslehrerin bittet die Kinder, aufzuhören, sie schreit, sie brüllt. Sie droht, die Polizei zu holen. Aber die lachen nur darüber. Sie zielen weiter mit Kreidestücken auf ihre Lehrerin.

Die Szene ist für Erna S. grausam genug. Wenn sie aber will, kann sie den Moment noch einmal erleben. Denn das *Video* ihrer Demütigung steht im *Netz* - und verdoppelt das Leid. Mobbing live und per *Handykamera*.

Vielen ist nicht bewusst, dass Lehrermobbing im *Netz* zum Alltag in Deutschland geworden ist. Experten meinen jedoch, dass es einen Ausweg geben könnte - indem man über kontrollierte *Webseiten* der Lehrerkritik von Schülern ein Ventil gibt.

Derzeit sieht die Realität im Netz noch ganz anders aus. In einem *Online-Single-Chat* tut ein Lehrer seine Vorliebe für Kinder mit langen blonden Haaren kund - unter vollem Namen. Der Lehrer einer kirchlichen Mädchenschule hatte sich natürlich nicht selbst angemeldet. Seine Schüler hatten in der Klasse Geld gesammelt, um ein *Benutzerprofil* im *Single-Chat* anzulegen. In einer anderen Schule kopierten Schüler Bilder von Lehrern in *Pornovideos* hinein. Und die waren nicht nur im Internet zu bestaunen, sondern auch auf dem Schulhof. Schüler ließen sie von *Handy* zu *Handy* wandern.

Lehrer sind solchen Übergriffen hilflos ausgeliefert. Erstens, weil das *Netzmobbing* anonym erfolgt ... Zweitens verhalten sich Lehrer bei Angriffen oft nach einem bestimmten Muster, wie eine Schulseelsorgerin aus Frankfurt *Q-rage* berichtet. Die Opfer verschweigen die erlebten Demütigungen aus Scham - und stehen mit ihrem Problem dann ganz allein da.

„Die Schwierigkeit für Lehrer besteht oft darin, sich einzugestehen: ‚Ich habe ein Problem'", sagt die Seelsorgerin. Mit Lehrern solche Fälle aufzuarbeiten, sei nicht einfach. „Ich habe immer Angst, mit Lehrern, die eine Mobbinggeschichte hinter sich haben, zu reden", erzählt die Lehrer-Seelsorgerin. „Es könnte alte Wunden wieder aufreißen."

Mobbing gegen Lehrer hat Muster. Häufiges Ziel ist es, die Lehrer unter Stress zu setzen, sie fertig zu machen oder so weit zu provozieren, dass sie ausrasten. Es kommt oft auch zu verbalen Beleidigungen und Bedrohungen, die bis vor die Haustür reichen können. „Wir brechen dir die Beine", sprühten Schüler einem Lehrer an die Garage, berichtet die Schulseelsorgerin.

Experten meinen, dass es jedoch eine Chance auf Verbesserung geben kann – über einen Umweg. Das Portal *spickmich.de* ist eine Plattform, auf der Schüler ihre Lehrer kritisieren können - auf faire Art. „Denkt bei der Benotung an das, was ihr selbst von euren Lehrern erwartet", fordern die Regeln der Seite. „Denkt daran, dass es auch im Internet keine Anonymität und Rechtsfreiheit gibt." Allerdings benutzen zurzeit viele Schüler auch dieses Instrument gern zu unfairer Lehrerkritik. Sie üben mit der Lehrerbenotung Rache.

Tanja Hölper u.a./Q-Rage

Laura hat fettige Haare und stinkt !

Ich konnte nicht

„Es tut mir von Herzen leid", sagt die angeklagte No-Angels-Sängerin Nadja Benaissa am Montag vor dem Amtsgericht Darmstadt. Die Entschuldigung gilt drei Männern, mit denen sie trotz HIV-Infektion ungeschützten Geschlechtsverkehr hatte. Vor ein paar Jahren soll sie sich noch ganz anders angehört haben. Das berichtet der Zeuge, den sie angesteckt haben soll, vor Gericht. Nadja hatte demnach für ihn nur einen kurzen Kommentar übrig. „Er wird lernen, damit umzugehen", soll sie zu ihrer Tante gesagt haben.

Die Anklage wiegt schwer: gefährliche Körperverletzung. Dafür droht ihr eine Freiheitsstrafe von sechs Monaten bis zehn Jahren. In den Fällen, bei denen es nicht zur Ansteckung kam, wird ihr versuchte Körperverletzung vorgeworfen.

Für den 34-jährigen Künstlerbetreuer, den Benaissa 2004 bei Studio-Aufnahmen kennenlernte, ist seit seinem Aids-Test im Jahr 2007 nichts mehr, wie es war, nicht nur weil er beruflich kürzertreten musste. Die Immunschwäche-Krankheit kann jederzeit ausbrechen, die Lebenserwartung ist signifikant gesunken.

Damals hatten sie sich geliebt, fünf bis sieben Mal körperlich, so das Vernehmungsprotokoll. Nun begegnen sie sich vor Gericht wieder. „Ich wollte das hier nicht", sagt der Exfreund. Trotzdem hat er mit seiner 2008 erstatteten Anzeige den Prozess ins Rollen gebracht und tritt darin als Nebenkläger auf. Die Liebschaft der beiden währte nur kurz. Sie nahm ein jähes Ende, als Benaissa für die MTV-Sendung „Dismissed" in die Karibik flog. Und sich in der Dominikanischen Republik mit einem anderen Mann, so die Anklage, am Strand vergnügte. Wiederum ungeschützt.

„Du hast mir so viel Leid zugetragen", sagt der 34-Jährige direkt an Benaissa gewandt. In seiner Stimme scheint eine tiefe Wut mitzuschwingen. Mit jeder Bettpartnerin nach seiner Ansteckung habe er zum Arzt gehen müssen. „Über die Zeit hat sich mein Brechreiz erhöht", erklärt er dem Richter. Schließlich will er der

PELZ QUÄLT UND

Über die Vermittlung von Wissen, Fähigkeiten und Fertigkeiten hinaus ist die Schule insbesondere gehalten, die Sch

No Ange

s richtig machen

Sängerin ein Ultimatum gestellt haben: entweder öffentlich zur HIV-Infektion bekennen und 100.000 Euro an eine Aids-Stiftung überweisen oder der Rechtsweg. Benaissa hatte zu diesem Zeitpunkt wegen massiver Schulden gerade eine Eidesstattliche Versicherung abgegeben und somit gar keine Wahl.

So kam es am 11. April 2009 zur spektakulären Verhaftung der Sängerin unmittelbar vor einem Soloauftritt in einer Frankfurter Diskothek. Das Outing nahm ihr die Staatsanwaltschaft in einer viel kritisierten Pressemitteilung ab. Zehn Tage blieb Benaissa in Untersuchungshaft. Später sprach sie im Fernsehen über ihre Krankheit. Dem Richter erklärt sie nun, dass das Verfahren ihr vor Augen geführt habe, dass ihr Umgang mit der Krankheit falsch war.

Der Druck aber sei enorm gewesen. Die Karriere, das ganze Projekt No Angels habe auf dem Spiel gestanden. Wie deutlich der Druck vonseiten ihres Managements war, ließ sie offen. „Ich kann nur sagen, dass ich es nicht gewollt habe, dass Umstände dazu geführt haben, dass ich die Kontrolle verloren habe", sagt sie und kämpft dabei sichtlich mit den Tränen.

Gerüchte über die HIV-Infizierung Benaissas kursierten in der Musikbranche schon viele Jahre vor dem Zwangs-Outing. Sie selbst sei daher davon ausgegangen, dass der Künstlerbetreuer davon gewusst haben musste. Dieser hingegen erklärt, erst drei Jahre später von einer Tante der Sängerin davon erfahren zu haben. Über Verhütung sei damals jedenfalls nie gesprochen worden, darin sind sich beide einig. Ob der 34-Jährige tatsächlich von Benaissa angesteckt wurde, bleibt zu klären. Denn erst nach dem Gespräch mit der Tante ließ er sich selbst testen. Die Tante wurde am Nachmittag unter Ausschluss der Öffentlichkeit als Zeugin vernommen.

Wie Benaissa selbst zu ihrer Infektion gekommen ist, weiß sie nach eigenen Angaben nicht. Erfahren habe sie es, nachdem sie mit 16 Jahren schwanger geworden war – also 1998. Im Jahr 2000 nahm sie am Casting für die Band No Angels teil und wurde über Nacht zum Pop-Star. Von da an ging alles sehr schnell. Das alte Leben war vorbei. Das neue war in weiten Teilen öffentlich. In den Boulevard-Medien wurde schon bald auch ihr Drogen-Konsum als Jugendliche zum Thema. Vor einer offenen Debatte über HIV habe sie daher „tierische Angst" gehabt. „Ich musste die Rolle bewahren", sagt Benaissa. „Ich konnte nicht alles richtig machen. Es war zu viel für eine Seele."

Focus online

Modern Times?

Wer pünktlich ist, hat keinen Startvorteil außer dem, den negativen Konnotationen der Unpünktlichkeit zu entgehen. Bloß pünktlich zu sein, kann gar den Ruf einer gewissen Biederkeit und Einfallslosigkeit einbringen. Fünf Minuten vor der Zeit ist uncool. Trotz alledem scheinen die Folgen der kleinen Verstöße gegen die zeitliche Ordnung weiterhin eine wichtige Rolle im Unbewussten zu spielen. Seit der Kindheit gilt un hinterfragt, danach zu streben oder sich zumindest nach Kräften dran zu halten. Wer pünktlich ist, will nicht auffallen. Seit der Kindheit weiß man aber auch, dass auf die strafende Instanz kein Verlass ist. Nichts trägt stärker zur Ausbildung des Selbstbewusstseins bei als das Lernen aus den Verstößen gegen die übergeordneten Regeln ... Und mit der Folgenlosigkeit des Verstoßes kann bereits das Kind die Wonnen der Unpünktlichkeit erfahren. Das vorsichtige Schleichen über den leeren Schulflur mag noch geprägt sein von der Angst, für seine Verspätung zur Rechenschaft gezogen zu werden. Man muss durch die leere Passage, die kurz zuvor noch mit Stimmen und Rufen angefüllt war. In der Stille schlummert aber auch ein Geheimnis. Etwas ist anders. Zum ersten Mal hat man den Flur als nicht bevölkerten Raum erlebt. Der Raum ist größer und er klingt anders. Bald spricht man zu sich selbst. Dreimal, viermal sagt man die Ausrede für die Verspätung vor sich hin. Ist sie gut ausgedacht? Wirkt sie plausibel? Gibt man sich selbst die Schuld oder anderen? (...)

Zuspätkommen, das Entgleiten der Zeit, ist gesellschaftlich weitgehend geduldet. Es ist sogar bemerkenswert, wie über die Störung eines gesellschaftlichen Rituals, sei es in der Kirche, sei es zu einer Businesspräsentation, über den zu spät Kommenden hinweggesehen wird. Man rümpft die Nase, aber lässt sich nichts anmerken. Meist wird nicht einmal ein Wort darüber verloren. Der Zuspätkommer erfährt die demonstrative Toleranz einer Gemeinschaft, obwohl sie sich erkennbar gestört fühlt. Andererseits läuft die Klage über die Verspätung sogar Gefahr, als kleinlich und spießig abgetan zu werden. Wer zu spät kommt, kommt bisweilen in den Genuss, als jemand mit Lebensstil angesehen zu werden, der sein Zeitmanagement souverän gegen die Interessen der anderen zu behaupten weiß. *Harry Nutt*

zu Volk und Heimat, zur Achtung der WÜRDE und der Überzeugung anderer, zu Leistungswillen und EIGENVERANT

Charlie Chaplin

Selbst innerhalb der USA gibt es Menschen, die mit Zeit in einer Weise umgehen, die jedem, der sich nicht wirklich um Verständnis bemüht, unbegreiflich erscheinen muss. Die Puebloindianer im Südwesten zum Beispiel haben ein Verhältnis zur Zeit, das völlig anders ist als die an Uhren orientierten Lebensgewohnheiten des Durchschnittsamerikaners. Für die Puebloindianer beginnen Veranstaltungen, wenn die Zeit dafür reif ist, und keinen Augenblick eher.

Ich erinnere mich noch an einen Weihnachtstanz, den ich vor etwa 25 Jahren, in einem der Pueblos am Rio Grande, erlebte. Ich musste 45 Meilen auf schlechten Straßen fahren, um erst einmal dort hinzukommen. In 2300 m Höhe ist die beißende Winterkälte nachts nahezu unerträglich. Zitternd in der lautlosen Dunkelheit des Pueblos suchte ich unablässig nach einem Hinweis, wann der Tanz beginnen würde. Draußen war alles undurchdringlich still. Bisweilen hörte man den gedämpften Schlag einer tiefen Pueblotrommel, das Öffnen einer Tür oder sah einen Lichtstrahl das Dunkel der Nacht durchschneiden. In der Kirche, wo der Tanz stattfinden sollte, drängten sich auf einer Empore einige weiße Stadtmenschen zusammen und suchten nach einem möglichen Anhaltspunkt, dem sie entnehmen konnten, wie lange sie noch zu leiden hätten. „Letztes Jahr sollen sie um 10 Uhr angefangen haben." „Sie können nicht anfangen, bevor der Priester kommt." „Man kann überhaupt nicht vorhersagen, wann sie anfangen." All dies unterbrochen durch Zähneklappern und Füßestampfen, um den Kreislauf in Gang zu halten.

Plötzlich öffnete ein Indianer die Tür, kam herein und schürte das Feuer im Ofen. Jeder stieß seinen Nachbarn an: „Vielleicht fangen sie jetzt an." Wieder verstrich eine Stunde. Ein weiterer Indianer erschien, durchquerte das Kirchenschiff und verschwand durch eine andere Tür. „Bestimmt fangen sie jetzt an." Wieder verstrich eine Stunde. Ein weiterer Indianer erschien, durchquerte das Kirchenschiff und verschwand durch eine andere Tür. „Bestimmt fangen sie jetzt an. Schließlich ist es schon fast 2 Uhr." Irgendjemand vermutete, dass sie sich einfach stur stellen, in der Hoffnung, die Weißen würden dann verschwinden. Ein anderer hatte einen Freund im Pueblo und ging zu seinem Haus, um zu fragen, wann der Tanz beginnen würde. Niemand wusste es. Plötzlich, als die Weißen fast am Ende ihrer Kräfte waren, wurde die Nacht durch die tiefen Klänge der Trommeln, Klappern und singende Männerstimmen durchbrochen. Ohne Vorwarnung hatte der Tanz begonnen.

Edward T. Hall

sowie zu sozialer Bewährung zu erziehen *und in der Entfaltung ihrer Persönlichkeit und Begabung zu fördern ...*

Quellennachweis

Leider war es nicht möglich, alle Urheber zu ermitteln. Betroffene Inhaber/innen von urheberrechtlichen Ansprüchen bitten wir sich mit dem Verlag in Verbindung zu setzen.

Texte:

1 *Unser Leben ist eine Linie:* Paul Henri Thiry d'Holbach, System der Natur oder von den Gesetzen der physischen und der moralischen Welt, Suhrkamp Verlag, Frankfurt/M. 1978, 156f. – 1ff *Die Linien des Lebens:* Friedrich Hölderlin, Sämtl. Werke u. Briefe, Bd. 1, Hanser Verlag, München 1970, 440. – 3 *Wenn die Haifische Menschen wären:* Bertolt Brecht, Geschichten von Herrn Keuner, Gesammelte Werke, Band 9, Suhrkamp Verlag, Frankfurt/M., 124f. – 4 *Tagtäglich wiederholt sich in Japan:* Gerhard Dambmann, Gebrauchsanweisung für Japan, Piper Verlag, 4. Aufl., München/Zürich 2006, 9; *Letztlich ist jede und jeder:* Quelle unbekannt. – *Du hast dich schon:* Susanne Fromm, Gutes Handeln. Nikomachos – Themenhefte zur Ethik 3, Vandenhoeck & Ruprecht, Göttingen2004, 10; In einem fernen Land: Lawrence Kohlberg. Psychologie der Moralentwicklung, Suhrkamp Verlag, Frankfurt/M. 1995, 495f. – 5 *„Ethik interessiert mich eigentlich nicht so“:* Quelle unbekannt; *Dareios ließ einmal:* Herodot, Geschichten und Geschichte. Übers. von Walter Marg, Artemis & Winkler, Zürich/München 1973, 245; *Das moralische Urteilen und Verurteilen:* Friedrich Nietzsche, Jenseits von Gut und Böse, in: Ders., Sämtl. Werke, hg. von Giorgio Colli und Mazzino Montinari, Band 5, dtv/de Gruyter, München/Berlin 1980, 154; *Bibelzitate (Micha 6,8; Matthäus 7,12):* Die Bibel. Nach der Übers. M. Luthers in der revidierten Fassung von 1984, © Deutsche Bibelgesellschaft, Stuttgart. – 6 *Was passiert im Gehirn:* Der klassische Libet-Versuch zum freien Willen: Frankfurter Allgemeine Sonntagszeitung, 4. 9. 2005, 70/71. – 7 *Der ethische Relativismus:* Robert Spaemann, Was ist philosophische Ethik? In: Ders./Walter Schweidler (Hg.), Ethik. Lehr- und Lesebuch, Klett-Cotta, 2. Aufl., Stuttgart 2007, 14f. – 8/9 *Die Natur hat die Menschheit:* Jeremy Bentham, An Introduction to the Principles of Morals and Legislation, London 1789. Übers. von Annemarie Pieper. Zit. nach: Otfried Höffe (Hg.), Einführung in die utilitaristische Ethik, Francke Verlag, 2. überarb. Aufl., Tübingen 1992, 55f. u. 79–81. – 10/11 *Anstelle meiner eigenen Interessen:* Peter Singer, Praktische Ethik, Reclam Verlag, Stuttgart 1984, 24, 72f., 134f. – *Bibelzitat (1. Mose 1,27).* Siehe Angabe zu S. 5. – *Gedankenexperiment:* Helmut Engels, „Nehmen wir an ...“. Das Gedankenexperiment in didaktischer Absicht, Beltz-Verlag, Weinheim/Basel 2004, 129. – 12 *Und das ist ein wesentlicher Einwand:* Walter Schweidler, Einführung zu John Stuart Mill, Der Nutzen. In: Robert Spaemann / Ders. (Hg.), Ethik. Lehr- und Lesebuch., Klett-Cotta, 2. Aufl., Stuttgart 2007, 107–114, hier 111f.; *Wenn du merkst:* Martin Luther, Weimarer Ausgabe (WA) 7, 813, 16–17; *In der Goldenen Regel:* John Stuart Mill, Der Utilitarismus, Reclam Verlag, Stuttgart 1976, 30. – 13 *Der kategorische Imperativ und Es ist überall nichts in der Welt:* Immanuel Kant, Grundlegung der Metaphysik der Sitten. In: Werkausgabe, Bd. VII, hg. von Wilhelm Weischedel, Suhrkamp Verlag, Frankfurt/M. 1974. – 14 *Nun ist die erste Frage:* Immanuel Kant, Über ein vermeint(lich)es Recht, aus Menschenliebe zu lügen. In: Immanuel Kant, Werke in 10 Bänden, Bd. 7, WBG, Darmstadt 1983, 683–643. – 15 *Fragebogen:* Wer bin ich? 777 indiskrete Fragen, Diogenes Verlag, Zürich 2007, 68–72; *Immer wieder ertappe ich mich dabei:* Rainer Erlinger, Gewissensfragen. Streitfälle der Alltagsmoral, Goldmann Verlag, München 2007, 163. – 16 *Kein handlungsneutrales Moralometer:* Zeitzeichen 2/2004, 37–40. – 17 *Tugenden sind modern:* Ulrich Wickert, Das Buch der Tugenden, Hoffmann & Campe, Hamburg 1995, 25 und 32. – 18 *Das Mittlere zwischen zwei Fehlern:* Aristoteles, Hauptwerke. Ausgew., übers. und eingel. von Wilhelm Nestle, Kröner Verlag, 8. Aufl., Stuttgart 1977. – 19 *Liebe Steffi, lieber Daniel:* Peter Kliemann. – 20 *Man kann sich diesen Fragen nicht entziehen:* Martha Nussbaum, Nicht-relative Tugenden. In: Klaus Peter Rippe / Peter Schaber (Hg.), Tugendethik, Reclam Verlag, Stuttgart 1998, 114–165, hier 120–122. – 21 *Wir wollen ein hartes Geschlecht heranziehen.* Postkarte 1939. – 22/23 *Bibelzitat (Apg 2,6–8).* Siehe zu S. 5. – *Die Konsenstheorie zeigt einen Weg zur Wahrheit:* Hermann Steinthal, Was ist Wahrheit? Attempto-Verlag, Tübingen 2007, 97–100. – 24 *Dialog ist nötig:* Roger Willemsen, Dialog. In: Klaus Bittermann, Das Wörterbuch des Gutmenschen, Piper-Verlag, München 1998, 56–58. – 25 *Diskursregeln:* Projekt Leben. Ethik für die Oberstufe, hg. von Eva Jelden u.a., Ernst Klett Schulbuchverlag, Leipzig 2001, 283. 26 *Sprich: „Kommt herbei!“* Der Koran, Sure 6,151–153. – 27 *Ich gelobe, mich des Tötens zu enthalten.* Dhammapada 183 – 28 *Im zweiten Buch Mose wird davon berichtet:* Friedrich Wilhelm Graf, Moses Vermächtnis, Verlag C.H. Beck, München 2006, 34–36; 45f. – 29 *Bibelzitat (Matthäus 22,37–40).* Siehe Angabe zu S. 5. – 30 *Frag doch.de – Fragen stellen – Antworten bekommen.* – Alle Texte: Peter Kliemann/Andreas Reinert. – 32/33 *Leistet dem Bösen keinen Widerstand.* Matthäusevangelium, Kapitel 5–7, in der Übers. von Walter Jens: Walter Jens/HAP Grieshaber, Am Anfang der Stall – am Ende der Galgen: Das Evangelium nach Matthäus, Herder Verlag, Freiburg 1999 – 34 *Die Ethik der Bergpredigt:* Robert Leicht, Ihr seid das Salz der Erde! 2000 Jahre Christentum im Widerspruch, Gütersloher Verlagshaus, Gütersloh 1999, 74–77. – 36/37 *Auf dem Bahnsteig der Berliner U-Bahn:* Dietmar Mieth, Kleine Ethikschule, Herder Verlag, Freiburg/Basel/Wien 2004, 94–97; *Normalerweise würde Müller:* Katharina Iskandar: Gegen die Furcht, ein guter Mensch zu sein. In: FAZ vom 7. 9. 2010, 2. – 38/39 *Wir können Lachen durch Kitzeln der Haut:* Charles Darwin, Der Ausdruck der Gemüthsbewegungen bei dem Menschen und den Thieren, 1872; *Vor dem Sportunterricht:* Sighard Neckel, Status und Scham, Suhrkamp Verlag, Frankfurt/M. 1991; *Vor Beginn einer Veranstaltung:* Cornelia Edding, Verkaufte Gefühle, 1988; *(So) ... stiehlt Prometheus die kunstreiche Weisheit:* Plato: Protagoras 321d – 322d; in der Übers. von Friedrich Schleiermacher; *Achmad spricht nur gebrochen Deutsch:* Eckard Stengel, Blumen für den Staatsanwalt. In: Die ZEIT vom 18. 8. 1989; *Über das „was sich gehört“:* Arnold Stadler, Wo bleibt das Tischgebet. In: Ders: Erbarmen mit dem Seziermesser, DuMont, Köln 2000. – 40/41 *Gewöhnlich denken wir so:* Jörg Zink, Ruf in die Freiheit, Gütersloh, Gütersloher Verlagshaus, 2007, 219–221. – 42 *Es gibt eine Art von Gewissenlosigkeit:* Eberhard Jüngel, Gewissenlos: Zeitzeichen 12/2005, 11. – 43 *Erna S. erlebte ihren Albtraum:* Tanja Hölper / Lena Lietz / Theresa Schumacher / Schoami Bieser, Redakteurinnen der Schülerzeitung Q-Rage, TAZ.de vom 26.11.2008; *Die Schule hat den in der Landesverfassung:* Verfassung des Bundeslandes Baden-Württemberg. – 44/45 *„Es tut mir von Herzen leid“:* Focus-online-Artikel vom 16. 8. 2010: No Angels-Sängerin Nadja Benaissa tut es „von Herzen leid“. – 46 *Wer pünktlich ist, hat keinen Startvorteil:* Harry Nutt, Mein schwacher Wille geschehe. Warum das Laster eine Tugend ist, Campus Verlag, Frankfurt a.M./New York 2009, 125–128 (Auszüge). – 47 *Selbst innerhalb der USA:* Edward T. Hall: The Silent Language, Doubleway, New York u.a. 1990, 9f. Die ersten fünf Sätze übers. von Peter Kliemann, der Rest nach: Norbert Elias, Über die Zeit, Suhrkamp Verlag, 5. Aufl., Frankfurt/M 1994, 118f.

Bilder:

U 1 Rühl – U 3 Christian Moser: Schlechtes Gewissen. Aus: Christian Moser, Monster des Alltags, © Carlsen Verlag GmbH, Hamburg 2007. – U 4 Jeremy Bentham Auto-Icon, © UCL (University College London) Library Services, Special Collections. 1 *„Ich schwöre“:* © Stephanie Fuessenich; *Tierbilder:* Uschi Dreiucker/pixelio.de; Dieter Schütz/pixelio.de; Archiv. – 2/3 *Haifisch links:* Ich und Du/pixelio.de; *U-Boot:* Rühl; *Bertolt Brecht:* Bundesarchiv, Bild 183-W0409-300 / Kolbe, Jörg / CC-BY-SA; *Haifisch rechts:* Trudi Raschdorf/pixelio.de; *Fische und Taucher:* Isabella Rossellini, „Green Porno“. – 4/5 *Windbläser-Engel:* Ausschnitt aus „Mundus elementaris/Mundus intelligentiarum“. Kupferstich von Wolfgang Kilian, 1620, © akg-images; *Japan-Flagge:* Rühl; *Börse:* Archiv; Promotionsfeier: © Ullstein Bild; *Grundgesetz:* picture alliance; *Dollarnote:* Archiv; *Kinokarte:* Jakub Sproski/pixelio.de; *Ying-Yang-Symbol:* Archiv; *Davidstern:* Rühl; *Krankenschwester:* Kat Menschik, Frankfurter Allgemeine Sonntagszeitung vom 6. 12. 2009; *Friedrich Nietzsche:* Archiv; *Klappmesser:* Foto Rühl; *Kugelkreuz:* Rühl; *Vereidigung Soldatin:* picture alliance; *Teller:* Sigrid Rossmann/pixelio.de; *Hintergrundbild „Sternenhimmel“:* Archiv. – 6/7 *Ohrfeige:* picture alliance/dpa; *Libet-Experiment:* nach Benjamin Libet et al., Time of Conscious Intention to Act in Relation to Onset of Cerebral Activity, in: Brain 1983 (106), Oxford University Press, London; *Popeye:* Archiv; *René Magritte, Les valeurs personelles:* © VG Bild-Kunst, Bonn 2012; *Hintergrundbild “Spinat”:* Foto Rühl. – 8/9 *Geschenke-Schlitten:* Foto: Per Breiehagen, © Getty Images. – 10/11 Ratte: Jenaphoto24, Michaela Schmidtmeier/pixelio.de; *Einbeiniges Huhn:* Robert Gernhardt. Aus: Mensch und Tier, hg. vom ZDF-nachtstudio, Suhrkamp Verlag, Frankfurt/M. 2001; *Strizz:* Volker Reiche; *Mausefalle:* picture alliance/dpa; *Embryo:* © Life Issues Institute, Cincinatti, Ohio; *Versuchstier:* Archiv; *In-Vitro-Fertilisation:* picture alliance/dpa; *Intensivstation:* epd/caro; *Grundgesetz:* Foto Reinert; *Restauranttafel:* Archiv; *Schweinshaxe:* Rotus/pixelio.de. – 12/13 *Schlüsselloch:* Andreas Lochmann/pixelio.de; *Hand mit Spielkarten:* Foto Rühl, *Anselm Kiefer, „Der gestirnte Himmel“, 1969/1980*, © Anselm Kiefer; – 14/15 *Ich schwöre:* siehe Angabe zu S. 1; *Bocca della verità (Mund der Wahrheit)*: akg-images; *Obdachlose:* Quelle unbekannt; *Zettel:* Foto Rühl. – 16 *Immanuel Kant:* akg-images; *SMS von Onkel Üzrüm:* © Greser & Lenz; *Hinweistafel:* Rühl. – 17 *Todsünden:* Faulheit, Wollust, Völlerei (Langnese), © Unilever Deutschland GmbH, Hamburg; *Buchcover „Knigge heute“:* Archiv. – 18/19 *Hochzeitstorte:* Dieter Kaiser/Pixelio.de/Collage Rühl; *Maßband, Glückwunschkarte, Vesperbrettchen:* Foto Rühl; *Hintergrundbild Brautpaar:* S. Hofschläger/pixelio.de. – 20/21 *Tom Cruise als Stauffenberg:* © picture alliance/dpa, Foto: United Artists Entertainment; *Spielkarten:* Archiv; *Postkarte:* Collage Rühl; Foto: akg-images. – 22/23 *Reiner Ruthenbeck, Umgekippte Möbel, 1971*, Museum für Moderne Kunst, Frankfurt/M., Foto: Axel Schneider, © VG Bild-Kunst, Bonn 2012; *Wolf und Schaf:* Oliviero Toscani, © United Colours of Benetton; *Cartoons „Konferenzteilnehmer“:* © Wenzel Communication, Rielasingen-Worblingen, Bearbeitungen: Rühl. – 24 Edward Hicks: Peaceable Kingdom, National Gallery of Art Washington. – 25 *Alfredo Jaar, Lament of the Images*, © Alfredo Jaar; *Schultafel:* Andreas Reinert. – 26/27 *Udo Lindenberg, Du sollst nicht töten*, © Udo Lindenberg; *Johann Heinrich Wilhelm Tischbein, Goethe in der Campagna, 1787*, Städelsches Kunstinstitut, Frankfurt/M.; *Ankunft- und Abflugtafeln:* Rühl; *Buddha-Figur:* Archiv; *Hintergrund:* Blattgoldarbeit der Malerin Christa Purschke. www.chr-purschke-art.de. – 28 *Hebräische Buchstaben:* Neue Synagoge Mainz, Foto: Rühl. – 29 *Tim Nibel & Sue Webster, $ 2001:* Courtesy Janet de Botton und Rebecca Green, London. – 30/31 *Computerbildschirm:* Andreas Reinert; *Ohren-Bilder:* rebel/pixelio.de; A. Einkober/pixelio.de; Hans Snoek/pixelio.de; Rainer Sturm/pixelio.de; *Bildschirm-Uhr:* Archiv; *Elefant:* Ulla Trampert/pixelio.de; *Fra Angelico, Die Bergpredigt (1437)*, Florenz, Kloster San Marco, Foto: akg-images/Rabatti-Domingie; *Der Krieg. Holzrelief:* Friedenssaal des Rathauses in Münster/Westfalen; *Hintergrund:* Bibliothek des Klosters Strahov, Prag, © mauritius images/Nordic Photos. – 32/33 *Ohren-Bilder:* bananarama/photocase.com; Saimen./photocase.com; Pellegrina/photocase.com; kallejipp/photocase.com; LMDB/photocase.com; Franziska Fiolka/photocase.com; *Hintergrund Feuer:* thokai/photocase.com. – 34/35 *Ohrenbilder:* DWerner/photocase.com; Tim Toppik/photocase.com; owik2/photocase.com; *Grafik Ohrenschutz:* Archiv, Bearbeitung Rühl. – 35 *Caspar David Friedrich, Kreidefelsen auf Rügen, 1818:* Museum Oskar Reinhart, Winterthur, Foto: akg-images/André Held; *U-Boote:* Rühl. – 36/37 *U-Bahn Haltstelle:* kiosk/photocase.com; 38/39 *Vignetten:* © Alice Wellinger. – 40/41 *„Martin Luther“:* picture alliance/dpa © dpa – Fotoreport; *Sigmund Freud:* Foto Max Halberstadt (1922); *Hintergrundbild Kompass:* PhotoDisc; *Abmeldung vom RU:* Foto Rühl. – 42 *Meret Oppenheim, Wolken und Mensch:* © VG Bild-Kunst-Bonn; *Evangelisches Gesangbuch (EG). Ausgabe Württemberg:* Foto: Rühl. – 43 *Computer-Mobbing*, © picture alliance/dpa; 44/45 *Pelz quält und tötet (Plakat der Tierschutzorganisation PETA):* Foto: Marc Rehbeck für PETA; *Nadja Benaissa:* © picture alliance; *Plakat „Gib Aids keine Chance“:* Bundeszentrale für gesundheitliche Aufklärung BZgA. – 46/47 *Charlie Chaplin, Modern Times:* Foto: CHAPLIN/UNITED ARTISTS/Album. – **Uhr: Aaron Amat/Shutterstock.**

ISBN 978-3-7668-4227-5

© 2012 by Calwer Verlag GmbH Bücher und Medien, Stuttgart und RPE Religion – Pädagogik – Ethik GmbH, Stuttgart
Alle Rechte vorbehalten. Die Vervielfältigung auch einzelner Teile, Texte und Bilder – mit Ausnahme der in §§ 53, 54 UrhG ausdrücklich genannten Sonderfälle – gestattet das Urheberrecht nur, wenn sie mit dem in der Quellenangabe genannten Verlag bzw. Rechtsinhaber vorher vereinbart wurde.

Gestaltung, Layout, Satz und Reproduktion: Rainer E. Rühl, Alsheim
Druck und Bindung: studiodruck Brändle GmbH, Nürtingen-Raidwangen

www.calwer.com · www.rpe-online.com

schlech-te ge-wis-sen, das

[*lat.* conscientia mala]

Das schlechte Gewissen kämpft für die alten, längst verschütteten Werte
der wahren Menschlichkeit. Konsequent und unerbittlich prangert es
die bösen Taten der anderen Monster an und gibt uns armen Opfern
Gelegenheit zum Reflektieren, unser Tun zu bewerten –
und uns so richtig mies zu fühlen.

Memento mori

ISBN 978-3-7668-4227-5

calwer

9 783766 842275